KB275402

PART 02

자산을 늘리는 투자 기회와 전략

PART 03

내 집 마련부터 투자까지

변동성의 시대, 단단한 투자 원칙으로 미래를 설계하기를

2026년을 맞는 지금, 우리는 다시 한번 거대한 변화의 물결 앞에 서 있다. '팬데믹' 이후 세계 경제는 회복과 침체, 기대와 불안이 교차하는 새로운 국면으로 진입하고 있다. 금리 인상기의 마무리, 불확실한 정치 환경, 기술 혁신의 가속화, 지정학적 갈등 등 이 모든 요소가 금융·자본시장을 포함한 경제 전반을 흔들고 있다.

많은 이들이 "앞으로 무엇에 투자해야 할까?", "내 자산은 안전한가?", "이제는 어떻게 움직여야 할까?"라는 질문을 던진다.

이 책은 그 질문들에 대한 가장 현실적이고도 균형 잡힌 답을 찾기 위해 출발했다. 지난 몇 년간 투자시장은 그 어느 때보다 빠르게 변했다. 단기간에 상상을 뛰어넘는 상승과 급락을 반복하는 주식시장, 역사적 고점을 연이어 경신하는 금값, 기회를 잡기 위해 몰려드는 공모주 시장, 새로운 자산으로 자리 잡은 가상자산, 그리고 규제와 정책 변화로 방향이 바뀌는 부동산시장까지. 예측 불가능성은 일상이 되었고, 투자는 이제 '전문가만의 영역'이 아닌 '생존에 필요한 경제 감각'으로 변모했다. 하지만 넘쳐나는 정보 속에서 올바른 판단을 내리는 일은 점점 더 어렵고 복잡해지고 있다.

이 책은 '단편적인 정보 나열'이 아닌, 거대한 변화 속에서 길을 잃지 않도록 시장 흐름을 읽고 이해하는 데 필요한 나침반 같은 책이다.

첫 번째 장은 국내 5대 은행 PB들이 분석한 '2026 경제 전망'으로 문을 연다. 전문가들은 단순한 예측을 넘어 금리, 환율, 주식, 채권, 부동산, 금, 가상자산이 어떤 방향으로 움직일지 그 근거와 구조를 제시한다. 미래를 완벽하게 예측할 수는 없지만, 흐름을 이해하고 대비할 수는 있을 테니 말이다. 그야말로 미래를 대비하는 기초 체력이 되어줄 것이다.

이어지는 글로벌 View 섹션은 해외 시장의 방향성을 입체적으로 조망한다. 미국 시장의 흐름, 글로벌 자산 배분의 기준, 트럼프 시대의 정책 변화가 가져올 경제적 여파, 인플레이션 시대의 대응 전략, AI 투자 열풍의 지속가능성까지. 변동성 시대에 중요한 것은 '어디에 투자할까'보다 '왜 그 자산이 움직이는가'를 이해하는 것이다. 글로벌 투자 전문가들의 명쾌한 진단과 전략을 통해 시장에 대한 새로운 관점을 갖게 될 것이다.

이어 개인투자자의 실전 전략을 담았다. 첫 번째 파트에서는 금리 인하기가 가져올 금융 환경의 변화에 집중했다. 예·적금은 정말 매력적인 상품인지, 지수연동형예금과 특판예금은 어떤 사람에게 유리한지, 금 투자에서 골드바와 ETF 중 무엇을 선택해야 하는지, 줄어드는 주담대·전세대출 환경에서 살아남을 방법은 무엇인지 등, 실전에 필요한 전략을 소개한다. 동시에 변화하는 금융 환경 속에서 자산을 지키고 불리기 위한 가장 기초적인 전략도 제시한다. 두 번째 파트는 더 공격적이고 성장 지향적인 전략을 다뤘다. '고액 자산가들의 투자'로만 여겼던 채권 투자의 대중화, 중위험·중수익 상품의 구조, 연금 투자 전략, 공모주 시장의 기회와 리스크, 비트코인의 성격과 장기적인 가치, 중국 시장의 변동성과 잠재력까지. 단순히 "이 자산이 좋다, 나쁘다"가 아니라 "왜 지금, 이 자산을 봐야 하는가", "어떤 투자자에게 적합한가", "어떤 구조로 수익이 나는가"를 명확히, 그리고 구체적으로 설명했다.

마지막 파트에서는 실생활과 밀접한 부동산시장을 깊이 있게 다뤘다. 청약 제도를 활용한 내 집 마련 전략, 리츠(REITs)를 통한 월세 수익 구축법, 세컨드홈의 세제 혜택과 위험 요소, 투자하면 안 되는 부동산의 특징, 정비사업 구조 이해 등을 담았다.

부동산은 단순한 자산이 아니라 삶의 기반이기 때문에 정확한 정보와 신중한 접근이 필요하다. 부동산시장의 규제, 정책, 사업 구조까지 실제 상황에 맞게 분석해 독자들의 합리적인 결정을 돕는다.

2026년은 많은 변수가 공존하는 해가 될 것이다. 올해에 이어 미·중 갈등으로 인한 글로벌 공급망 재편이 더욱 가속화될 것이고, 그 과정에서 '각자도생'이 각국의 최우선 전략으로 대두되면서 불확실성이 극대화될 수 있다. 여기에 AI발(發) 기술 혁신은 산업계뿐 아니라 개인의 일상까지 바꿔놓을 수 있다. 하지만 이 모든 변수를 통제할 수는 없다. 우리가 할 수 있는 일은 변화의 흐름을 이해하고, 적절한 대응

전략을 갖추는 것이다.

이 책은 독자 여러분에게 단순한 정보가 아닌 판단의 기준을 제시하고자 한다. 시장의 데이터와 구조를 읽는 힘, 자산의 본질을 이해하는 힘, 다양한 의견 속에서 나만의 결론을 내리는 힘. 그것이 결국 위기를 기회로 만들고, 변화의 물결 속에서 방향을 잃지 않게 해줄 것이다. 2026년의 경제는 불확실하지만, 그 불확실성을 두려워할 필요는 없다. 중요한 것은 지금 우리가 서 있는 자리에서 어떤 기회를 발견하고, 어떤 전략으로 대응하느냐이다. 이 책이 변동성 속에서 단단한 투자 원칙을 세우고, 미래를 스스로 설계하는 경제적 여정에 든든한 길잡이가 되기를 바란다. 마지막으로 변동성의 시대를 지혜롭게 헤쳐나갈 모든 이에게 진심 어린 응원을 전한다.

이데일리 증권시장부장 이승현

SPECIAL 1

5대 은행 PB가 전망하는 2026 경제 & 재테크 전략
국내외 주식, 부동산, 채권, 환율, 금값, 가상자산

2025년 한 해 우리나라는 4월 4일 윤석열 전 대통령 탄핵과 6월 3일 조기 대선 등 굵직한 정치적 사건들이 연이어 벌어졌다. 대외적으로는 2025년 1월 도널드 트럼프 미국 대통령이 임기를 시작하며 관세 협상 등 통상 압박이 거세졌고, 상반기 내내 국내외적으로 극심한 불확실성이 시장을 지배했다. 이로 인해 원·달러 환율도 1,400원대를 넘나들며 변동 폭을 키웠다.

하지만 이런 대내외 불확실성 속에서도 국내 주식시장은 이재명 대통령 취임 이후 기업 지배구조의 투명성과 주주 권리 강화를 목표로 한 상법 개정안 통과 등 '코리아 디스카운트' 해소 기대감에 힘업어 가파른 상승세를 이어갔다. 2025년 4월 2,290선까지 떨어졌던 코스피 지수는 11월 들어 4,200선을 돌파하는 등 최저점 대비 80% 이상 급등하며 전 세계 증시 중 최고 상승 폭을 기록하기도 했다. 또 안전자산 선호 현상이 두드러지며 금값은 연일 고공행진을 이어가 최고가 기록을 새로 썼다. 부동산시장에서도 서울 등 수도권을 중심으로 집값 상승세가 뚜렷해지자 정부가 연이은 대출 규제 방안과 함께 서울 전역을 토지거래허가구역으로 지정하며 규제 강도를 높이고 있다. 하지만 금리 인하기에 접어든 가운데 자산 가격 상승과 투자 수요 증가세는 쉽게 꺾일 기미가 없다.

이데일리는 KB국민·신한·하나·우리·NH농협은행 등 국내 5대 시중은행 프라이빗뱅커(PB)들에게 2026년 새해 경제 및 환율 전망, 재테크 전략 등에 대한 설문을 진행했다. 이를 통해 △주식 △채권 △부동산 △금 △암호화폐 등 주요 자산의 투자 방향과 전략, 포트폴리오 구성 방안 등을 제시한다. 이번 설문에는 KB강남스타 PB센터 정성진 PB, 신한프리미어 PWM 서교센터 김수연 팀장, 하나은행 영업1부 PB센터 지점 골드PB 정상진 팀장, 우리은행 TCE시그니처센터 진형숙 PB, NH All100자문센터 김정은 WM전문위원, NH농협은행 윤수민 부동산전문위원 등이 참여했다.

미국·한국 기준금리 전망

금리 인하기로 접어들면서 2026년 미국과 한국의 기준금리는 2025년 11월 초 기준 (미국 4.00%, 한국 2.50%)에서 0.50~1.25%포인트 추가 하락할 것으로 예상된다. 5대 은행 PB들은 2026년 미국 기준금리를 2.75~3.75%, 한국 기준금리를 2.00~2.50% 수준으로 내다봤다.

정성진 PB는 "미국의 인플레이션은 여전히 높은 편이지만 고용지표가 둔화되고 있어, 금리 인하의 목적이 경기 부양에 더 큰 비중을 두고 있는 것으로 보인다"며 "점도표 기준 2026년 3.50~3.75%를 예상하는 위원이 많지만, 2026년 말에는 2.75~3.00%로 예상하는 의견이 많다"고 설명했다. 이어 국내 기준금리에 대해 "정부가 '10·15 부동산 대책'을 내놓은 이후 금리 인하가 대책 효과를 상쇄할 수 있어, 금리 인하를 통한 경기 부양 스탠스가 다소 주춤할 것으로 보인다"며 "다만 2026년 미국 기준금리가 국내 기준금리에 근접하면 우리 기준금리도 인하 여지는 남아 있다"고 덧붙였다.

김수연 팀장은 "미국 기준금리는 3.25~3.27%까지 추가 인하를 예상하지만, 인플레이션이 목표치를 상회하는 구간이 이어지면 인하 속도는 완만해질 수 있다"며 "한국은 단기 경기 부양보다는 금융안정을 우선시해 금리 동결 기조가 유지될 것"이라고 전망했다. 정상진 PB 팀장은 "2026년 말까지 미국은 3.50%, 한국은 2.00%로 시장에서 예상하고 있다"며 "미국 실업률이 4.5% 이상을 기록하면 더 큰 폭의 금리 인하가 단행되고, 이는 중장기 채권 금리 하락으로 이어질 가능성이 있다"고 분석했다.

진형숙 PB는 "미국은 금리 인하 사이클이 본격화될 것으로 보이며, 예상치 못한 인플레이션 반등이 없다면 기준금리가 3% 초반대까지 내려갈 것"이라며 "한국은 2026년 초부터 인하가 시작돼 2% 수준까지 하락할 것으로 예상한다"고 밝혔다. 김정은 전문위원은 "미국은 2026년 말까지 3.25~3.50% 수준, 한국은 같은 해 상반기 2.25% 수준으로 예상한다"면서도 "미국은 고용이 좋고 관세 영향으로 물가가 재상승하면 3.50~4.00% 유지 가능성도 있으며, 한국은 부동산과 환율 불안이 이어질 경우 추가 기준금리 인하가 부담스러운 환경"
이라고 설명했다.

국내외 주식시장

2025년 한 해 상승세를 이어온 국내와 미국 등 해외 주식시장은
2026년에는 상승폭이 둔화될 것이라는 전망이 많았다. 이에 따라 공
격적인 주식 투자보다는 하락 시 분할 매수 등 리스크 관리가 필요한
시점이라고 PB들은 조언했다. 그러나 금리 인하 기조 속에서 주식시
장은 지속 상승 국면을 유지할 가능성도 높아, 비중 축소보다는 '옥석
가리기'에 집중해야 한다는 의견도 있었다.

정성진 PB는 "국내 주식은 업종별 순환 속도가 빠르고 이미 상당한
상승 폭을 보인 시점이라 리스크 관리에 주안점을 둬야 한다"며 "미
국 주식은 반도체와 AI 등 주도주가 지수를 이끌고, 다른 업종도 매
수세에 힘입어 상승세를 유지하고 있어 하락 시마다 분할 매입 전략
이 유효해 보인다"고 말했다. 김수연 PB 팀장은 "국내외 주식시장 모
두 상방 여력은 있지만 리스크 관리가 중요한 구간"이라며 "분산 투
자와 업종·테마 선택, 밸류에이션, 환율, 수급 등을 고려해야 한다"고
조언했다.

진형숙 PB는 국내와 미국 증시 모두 상승 여력이 제한적이라고 판단
했다. 그는 "코스피가 단숨에 4,000포인트 이상 오르며 상승 여력에
의문이 들지만, 부동산 대기 자금이 증시로 이동하고 반도체 빅사이

클이 실현될 경우 4,000포인트 중반대까지도 가능하다"며 "다만 미국 증시는 지난 3년간의 상승으로 모멘텀이 약화돼 지수 상승률은 크지 않을 것으로 본다"고 말했다.

반면 정상진 PB 팀장은 국내 증시를 긍정적으로 예상했다. 그는 "국내 주식은 그동안 소외됐던 섹터와 코스닥 종목, 저금리 시대 투자 성과가 좋았던 바이오·헬스케어·화장품·2차전지 등에 주목하면 지속적 상승이 가능하다"며 "미국은 금융주와 소프트웨어 중심 중소형주에 관심을 기울일 필요가 있다"고 말했다. 김정은 전문위원은 "국내 증시는 종목별 차별화가 더욱 심화될 가능성이 크고, 반도체·자동차 등 수출 경쟁력이 있는 기업에 투자하거나 이들 기업이 포함된 지수 패시브 투자를 추천한다"고 말했다. 또한 "미국은 밸류에이션이 높다는 점을 인식할 필요가 있고, 실적이 확인되는 AI 밸류체인 중심 기업, 관련 지수 및 ETF 투자를 권한다"고 했다.

부동산·채권시장

2025년 수도권 주택시장을 중심으로 뜨거웠던 부동산시장은 2026년에는 정부의 강력한 규제책으로 인해 보합 또는 소폭 상승 전망이 우세했다. 그러나 집값 하락보다는 물건별 차별화 장세가 나타날 것이란 예측이 많았다.

윤수민 전문위원은 "정부의 강력한 규제에도 불구하고 부동산시장의 근본적인 수급 불안정이 해소되기 어려운 상황이라 집값은 급격한 상승보다는 점진적·장기적인 상승추세를 이어갈 전망"이라며 "재개발 사업 속도가 빨라지고 있어 선별적인 재개발 주택 투자를 검토해볼 필요가 있다"고 조언했다. 또 상가 등 비주택은 "상대적으로 규제가 약한 꼬마빌딩이나 근린상가에 대한 시장 관심이 확대될 것"이라며 "고액 자산가는 적극적으로 상업용 부동산 투자를 검토해볼 만하지만, 중소형 규모에서는 투자 매물이 소진된 상황이라 투자 전략 차별화가 요구된다"고 덧붙였다. 정상진 PB 팀장은 "장기간 공급 부족과 저금리 추세를 감안하면 서울·수도권 상승세는 지속될 것으로 본다"면서도 "보유세 인상 등 강력한 추가 규제와 대출 제한 등이 나오면 거래량이 줄어들 수 있다"고 말했다.

진형숙 PB는 고가주택 상승세를 예상했다. 진 PB는 "지속적인 규제책이 나오면 거래 실종과 가격 정체가 나타날 수 있지만, 이미 강한 규제를 받고 있던 지역의 고가주택은 규제와 상관없이 상승 여력이 여전해 보인다"며 "주요 상급지 재개발 시작 전 빌라는 풍선효과로 가격 상승이 가파를 수 있다"고 했다.

반면 정성진 PB는 부동산 가격이 잡힐 것으로 내다봤다. 정 PB는 "10·15 대책 이후 부동산시장은 얼어붙고, 상업용 시장은 경기 둔화와 배달앱 등의 여파로 매물만 쌓여 있는 상황"이라며 "2026년엔 규제지역의 주택·상업용 부동산 모두 둔화가 예상된다"고 했다.

채권시장은 금리 인하기에 접어들어 장기물보다는 단·중기물 중심 투자를 권했다. 김정은 전문위원은 "채권시장은 완만한 금리 인하 기대가 있는 만큼 안정성과 리스크 관리 중심으로 전략을 짜야 한다"며 "장기물보다는 중·단기물 중심으로 안정성을 확보하거나, 장기물 커버드콜 ETF로 포트폴리오 구성 전략을 추천한다"고 말했다. 정성진 PB도 "장기물보다는 단기물 위주로 짧은 수익을 보고 나오는 투자 전략이 필요하다"고 전했다.

금·암호화폐

2025년 금값은 국제 시세가 최고가 기준 트로이온스(31.1034768g)당 4,300달러를 넘고, 국내 금 1돈(3.75g) 가격이 86만 원을 웃도는 등 다락같이 치솟았다. 그러나 단기 급등세로 인해 2026년에는 상승세 둔화를 예측하는 PB가 많았다. 그러나 장기적 우상향 가능성을 높게 보고 있어, 하락 조정 시 분할 매수 전략을 제시했다.

정성진 PB는 "국제 금 시세 전망은 여전히 상승 쪽에 무게가 실리지만 고점 도달 이후 이익 실현 물량으로 소폭 하락하는 상황"이라며 "분할 매입과 함께 골드바 등 실물보다는 KRX 금계좌 등을 통한 투자를 추천한다"고 말했다. 김수연 PB 팀장도 "2025년 사상 최고가 이후 변동성 확대 구간이 이어지나 중앙은행 순매수와 안전자산 선호 수요로 하방을 지지하며, 상고·조정·재상고 패턴 가능성이 크다"며 "금 투자는 분할 매수와 KRX 금현물, 금현물 ETF 등을 활용한 투자를 추천한다"고 했다.

암호화폐는 가격 변동폭이 크지만 비트코인과 이더리움은 지속적인 상승을 예상하며, 분할·적립식 투자로 접근하라는 조언이다. 김정은 전문위원은 "금리 인하 기조 유지와 유동성 확장 전망이 화폐 가치 하락으로 이어져 투자자산으로의 자금 유입이 지속되고, 암호화폐 가격도 상승세가 이어질 것으로 예상한다"고 했다. 진형숙 PB는 "주요 암호화폐인 비트코인과 이더리움 이외에는 불확실성이 너무 크다"며 "포트폴리오 위험자산의 하나로 편입하는 것은 개개인의 투자 성향에 따라 충분히 가능하다"고 전했다.

자산별 포트폴리오 구성 추천

5대 은행 PB들이 추천한 자산별 포트폴리오 구성은 국내외 주식 비중 50~90%, 채권 20~40%, 금 5~10%, 현금성 자산 10~20%, 암호화폐 5% 등이었다. 정성진 PB는 미국 주식 50%, 미국 국채 20%, 현금(유동성) 20%, 금 5%, 암호화폐 5% 등으로 구성했다. 김수연 PB 팀장은 국내 주식 50%, 미국 주식 30%, 중국 주식 10%, 현금·암호화폐 10% 등이었다.

정상진 PB 팀장은 채권 40%, 국내 주식 30%, 미국 주식 20%, 금 10% 비중을 제시했다. 특히 채권은 금리 인하기에 투자 시, 안정성과 수익성을 동시에 달성할 수 있어 좋은 기회라는 의견이다. 진형숙 PB는 주식 50%, 채권 40%, 금·현금 10% 등이었다. 또 부동산은 규제로 인해 입지가 좋은 상급지 아파트(강남권 또는 한강변 핵심 입지)가 조정을 받으면 장기적 관점 매수를 권했다.

김정은 전문위원은 주식 60%, 채권 20%, 금 10%, 현금 10% 등의 비중을 추천했다. 주식은 전체 70~80%를 미국과 국내 성장·배당·인컴 자산으로 구성하고, 나머지 20~30%는 제조업 기반의 일본 인덱스, 중국 테크주로 구성하라고 조언했다. 또 채권은 금리 인하 국면에서 중단기채 중심으로 안정성을 확보하고, 금 등 대체자산은 인플레이션 헤지 및 수익원 다변화 측면에서 접근하라고 덧붙였다.

	정성진 (KB강남스타 PB센터 PB)	김수연 (신한 프리미어 PWM서교센터 PB팀장)	정상진 (하나은행 영업1부 PB센터 PB)	진형숙 (우리은행 TCE시그니처 센터 PB)	김정은 (NHAII100자문 센터 WM전문 위원), 윤수민 (부동산전문위원)
내년 기준금리	미국 2.75~3.0%, 한국 동결 기조 및 미국 추이 따라 추가 인하	미국 3.25~3.75%, 한국 동결 기조	미국 3.5%, 한국 2%	미국 3% 초반대, 한국 2%	미국 3.25~3.50%, 한국 2.25%
국내주식	상승폭 높은 시점이라 리스크 관리 필요	상방 여력 있지만 리스크 관리 중요 구간	지속 상승 국면, 소외된 섹터 및 코스닥 종목 관심	코스피 4,000 포인트 중반 가능	코스피 상단 4,300 전망, 원·달러 환율 안정 시 대형주 수혜 예상
해외(미국) 주식	상승세 유지, 하락시 분할매수	상방 여력 있지만 밸류에이션, 환율, 수급 영향 등 고려	미국 금융주, 소프트웨어 중심 중소형주 관심	지수 상승률 제한적, AI발 자본지출 확대 수혜 종목 중심 차별화	S&P500지수 상단 7,700 전망, AI 밸류체인 중심 기업 ETF 등 투자
부동산	규제지역 주택, 상가 모두 둔화	수도권 핵심 보합 또는 소폭상승, 비수도권·외곽 지역 약세	저금리 추세 감안 서울·수도권 부동산 상승세 지속, 상업용 부동산 투자 확대 가능성 있음	규제 지역 고가 주택 상승 여력, 주요 상급지 재개발 전 빌라 풍선효과 인한 가격 상승 전망	주택 점진·장기적 상승 추세, 비주택 은 수익성 확보 부동산 관심
채권	장기물보다 단기물 위주 접근	중기물 분산 투자, 장·단기 금리차 확대 시 장기물 리스크 주의	국내·외 채권 비중 확대 추천	한국 안정적 수익률, 미국 완만한 국채금리 하락으로 수익	장기물보다 중단기 중심 안정성 확보
금	상승에 무게, 하락시 분할매입	상고·조정·재상고 흐름 가능성, 분할매수	지속 우상향 가능성 높음, 장기 분할매수 필요	리스크 헤지 용도 5% 이내 보유 추천, 현 가격대 높은 비중 위험	단기 조정 있어도 장기적 우상향
암호화폐	비트코인, 이더리움 적립식 매수	총 자산 10% 이내 비트코인, 이더리움 중심 분할매수	추천하지 않음	비트코인, 이더리움 이외 불확실성 커	암호화폐 가격 상승 지속 예상
자산 포트폴리오	미국 국채 20%, 미국 주식 50%, 금 5%, 암호화폐 5%, 현금 20%	미국 주식 30%, 국내 주식 50%, 중국 주식 10%, 현금·가상자산 10%	국내 주식 30%, 미국 주식 20%, 채권 40%, 금 10%	주식 50%, 채권 40%, 대체자산 및 현금 10%	주식 60%, 채권 20%, 금 10%, 현금성 자산 10%

SPECIAL 2

글로벌 투자 전문가가 밝히는
'변동성의 시대, 2026' 투자 기회와 전략

Global View 1.

2026년 미 투자시장 전망

美 경제에 출몰한 '바퀴벌레', 신용 리스크 점검할 때

신용 불안을 안은 '바퀴벌레'가 미국 경제 곳곳에서 모습을 드러내고 있다. 미국 내 부채 관련 우려가 일부 확인되고 있는 것이다. 바퀴벌레 한 마리가 보이면 그 이면에 더 많은 바퀴벌레가 숨어 있을 수 있다는 말처럼, 산발적인 파산과 신용 리스크가 잇따르며 경기에 균열을 가하는 모습이다. 장기간 이어진 고금리와 성장 둔화가 경제의 취약한 부분을 노출시키고 있다. 특히 하이일드 채권 시장에서 리스크가 부상하고 있다. 아직 시스템 리스크로 확산하는 양상은 아니지만, 경고 신호를 면밀하게 점검할 필요가 있다.

자동차 서브프라임 대출업체 위기

미국의 서브프라임 자동차 대출업체 트라이컬러(Tricolor)는 미등록 이민자를 주요 고객으로 삼았으나 2025년 9월 10일 챕터 7 파산 절차에 들어가며 사기 사건에 휘말렸다. 미국 법무부는 이 회사가 자산 유동화 대출 과정에서 담보를 중복으로 설정했다는 혐의로 조사에 착수했다. 이 때문에 지역은행뿐 아니라 대형은행까지 대규모 상각을 단행했다. 또한 주요 자동차 부품 업체인 퍼스트브랜즈(First Brands) 역시 최대 500억 달러의 부채를 안고 100억 달러 미만의 자산가치만 남긴 채 챕터 11 법정관리를 신청했다. 회계장부 외 거래를 이용한 대규모 부정이 발견되고 약 23억 달러가 사라진 것으로 알려져 현재 미 법무부의 조사를 받고 있다. 이 회사는 11억 달러 규모의 법정관리 중 운영자금 대출을 통해 일단 숨통을 틔웠지만, 이번 사태는 채권시장 내 불안 심리를 자극하며 연쇄 부도 가능성에 대한 우려를 높이고 있다.

2025년 10월 들어 일부 미국 지역은행이 기업 대출 부실에 따른 대손 상각을 공시하면서 기업 파산 사태가 다시 주목받았다. 최근 일련의 사건의 공통점은 차입자가 부정확하고 불투명한 회계 관행을 보여 부실의 원인이 되었다는 것이다. 경기 호황기에 대출 심사 과정이 면밀하게 이뤄지지 않았고, 이 때문에 보이지 않던 건전성 문제가 경기 여건 악화와 함께 수면 위로 드러나고 있다.

SC그룹은 2025년 10월 글로벌 금융시장 전망 자료를 통해, 고용시장 둔화에 따른 연방준비제도(Fed·연준)의 기준금리 인하와 단기 시장 변동성을 고려해 미국 대형 은행주에 대한 투자 의견을 차익 실현 관점에서 철회했다. 3분기 은행 실적 발표 이후 은행주의 주가 반응은 이러한 전망을 뒷받침했다. 주요 은행의 3분기 실적은 예상을 웃돌았으나, 자산 건전성에 대한 불안 요인이 확인되면서 미국 은행주는 2025년 10월 들어 전체 미국 주식 성과에 약 4.7%포인트 밑도는 부진한 모습을 보였다.

일부 은행 부정적, 우량채 찾아 투자를

지금까지 살펴본 이슈는 특정 은행에 국한된 리스크라고 본다. 일련의 사기 리스크에 노출도가 높은 미국 비예금 금융기관(NDFI Non-Depository Financial Institutions)에 대한 대출 비중은 전체 미국 은행 대출의 10% 미만에 불과하며, 해당 리스크가 금융 시스템 전반으로 확산할 가능성은 적다. 하지만 비예금 금융기관에 대한 대출 비중이 10년 만에 두 배 이상 증가했다는 점은 유의할 필요가 있다. 따라서 미국 은행 가운데 비예금 금융기관에 대한 노출도가 높은 은행에 대해서는 신중하게 접근할 것을 권고한다. 미국 주식에 대해 비중 확대 의견을 유지하는 가운데, 특히 견조한 이익 성장세가 기대되는 IT, 커뮤니케이션 서비스, 헬스케어 업종 중심으로 접근하는 것이 적절하다고 판단한다.

투자등급(IG) 회사채와 같은 우량 채권에 주목할 필요가 있다. 전반적인 미국 회사채 부도율이 역사적 평균을 크게 밑도는 수준에 머물고 있다는 점을 고려하면, 최근 스프레드(가산금리) 확대는 전술적 투자 기회가 될 수 있다. 영국 국채와 신흥국(EM) 현지 통화 표시 채권은 중장기 미 달러 약세 전망의 수혜를 누릴 것으로 보인다는 점에서 긍정적 의견을 유지한다.

바퀴벌레는 미국 내 부채 비율이 높은 특정 업종에서 나타난 개별 리스크로, 시스템을 흔드는 요인은 아니라고 판단한다. 그럼에도 사전적 방역을 실행하고 불안정한 대출에 대한 노출을 점검하는 등 포트폴리오를 면밀히 들여다봐야 한다. 결국 분산 투자가 강력한 방패 역할을 할 것이다. 여러 업종과 지역, 자산군에 걸쳐 어떤 경제 환경에도 대응할 수 있는 포트폴리오를 구축하고, 양질의 자산과 방어적 성장에 초점을 맞춰 앞으로의 변동성에 대비해야 한다.

레이몬드 청_스탠다드차타드(SC)그룹 북아시아 지역 최고투자전략가

Global View 2.

투자 방식에도 차이, 신중한 선택 필요

두 아들의 투자 다이어리

재작년부터 두 아들에게 일정한 투자금을 나눠주고 각자 직접 투자를 해보라고 한 뒤 지금까지 그들의 투자 여정을 지켜보고 있다. 두 아들은 뜻밖에 상반된 투자 성향을 보이고 있다. 막내아들은 정석 같은 포트폴리오 다각화를 통해 모범적인 분산 투자를 한 데 반해, 맏아들은 막내와 아주 다른 투자의 길을 걷고 있다. 투자의 첫 단추로 균형 잡힌 포트폴리오를 구축하기보다 투자금의 100%를 주식에 그것도 미국 주식에만 집중적으로 투자했다.

맏이의 논리는 명확했다. 그는 미국 주식의 과거 성과를 살폈고, 장기 투자하면 손실을 볼 가능성이 드물다는 사실을 확인했다. 또한 포트폴리오를 매일 들여다보지 않을 것이라며 시장의 단기 변동성은 문제가 되지 않을 거라고 했다.

자산 배분 업무를 맡고 있는 전문가로서 맏이의 투자 방식을 우려하지 않을 수 없었다. 이론적으로는 이해하지만, 여유 자금의 100%를 특정 자산(미국 주식)에 투자하는 것은 적잖은 위험이 뒤따르기 때문이다. 한편으론 시장 변동으로 포트폴리오가 크게 흔들릴 때 실제로 맏이가 어떻게 대처할지 궁금했다.

맏이는 2023년 중반에 투자를 시작했고 처음엔 모든 것이 순조로웠다. 투자 자산의 50%를 스탠더드앤드푸어스(S&P)500 상장지수펀드(ETF)에, 나머지 50%는 나스닥 ETF에 각각 투자했고, 2024년 말엔 각각 40%, 50%씩 상승했다. 그러나 2025년 2월 중순 이후부터 미국 주식시장은 약세를 보이기 시작했고 약 10% 정도의 하락세를 겪었다.

이즈음부터 맏이에게서 '걱정해야 하는 상황인지'를 묻는 전화가 왔다. 첫 투자 시점으로부터 여전히 30%의 수익을 확보하고 있었지만 맏이는 40~50% 수익을 이미 마음속으로 확정한 상태여서, 감정적으로 10%라는 손실에 대해 적잖이 당황한 기색이었다.

다행히 맏이는 충격에 빠지지 않았고, 포트폴리오를 어떻게 바꿔야 변동성을 줄일 수 있을지 조언을 구했다. 다각화를 위한 당연한 선택지는 채권과 금이다. 다만 상반기 주식시장 급락 국면에 채권과 금이 이미 반등하고 있었던 점이 문제였다. 맏이도 당장 포트폴리오 내 자산 비중을 재분배하기보다는 좀 더 시간을 두고 금리가 추가로 오르면 채권 투자 비중을 높이는 쪽을 택했다.

맏이의 다음 전화는 도널드 트럼프 미국 대통령이 모든 주요국에 관세를 부과하고 미국 주식이 이틀에 걸쳐 10% 이상 하락했던 '해방의 날' 즈음 걸려왔다. 다행스럽게도 전 세계 모든 주식시장이 동반 급락하는 상황이 펼쳐졌다. 맏이는 미국 주식을 낮아진 가격에 팔았지만 유럽 주식을 싸게 사는 기회도 동시에 잡았다. 이로써 감정적으로 조금 더 수월하게 유럽 지역으로 주식 투자를 넓혀갔다.

모범적으로 자산을 배분한 막내와 특정 자산에 집중한 맏이는 투자 여정에서 정반대의 길을 택했는데, 누가 올 상반기의 경험을 통해 더 많은 깨달음을 얻었을까. 막내는 투자의 첫걸음부터 다각화한 포트폴리오를 구축했고, 정기적인 분할 매수를 유지하고 있다. 역설적으로 투자 경험 측면에서는 상대적으로 배운 것이 적을 수도 있다. 결국 두 아들 모두 '다각화의 힘'이라는 같은 목적지에 도달했지만 그 여정은 매우 달랐다. 아마도 맏이가 사람의 감정에 시장이 어떤 영향을 미칠 수 있는지 생생하게 체감했을 것이고, 분산 투자의 소중함도 더 깊이 깨달았으리라 생각한다.

스티브 브라이스_스탠다드차타드(SC)그룹 최고투자전략가

Global View 3.

글로벌 자산 배분 전략

불확실한 환경 속 안정적 자산 배분 전략

최근 투자 환경은 망망대해를 항해하는 것처럼 막연하게 느껴진다. 미래를 위한 투자 방법과 그 경로를 찾는 과정 역시 매우 불확실하다. 결국 우리는 장기적인 시장 전망, 즉 자본시장 가정(CMA)에 기대어 앞으로의 투자 수익과 포트폴리오를 가늠할 수밖에 없다. CMA는 앞으로 5년간 다양한 투자 수단이 어떤 성과를 보일 것인가에 대한 추정치를 보여준다.

몇 년 전만 하더라도 저금리 환경은 주식 투자가 당연한 선택이었다. 'TINA(There Is No Alternative)', 즉 시장에 다른 투자 대안이 없었기 때문이다. 그러나 지금은 'TARA(There Are Reasonable Alternatives)', 즉 투자에 합리적 대안이 있는 환경으로 변화하는 흐름이 나타나고 있다. 각국 정부는 인공지능(AI), 방위비, 기후 변화 등에 막대한 지출을 하고 있으며, 이는 새로운 기회와 변동성을 동시에 가져오고 있다. 이러한 글로벌 시장 환경 변화는 전통적인 분산 투자를 어렵게 만들고 있으나, 한편으로는 새로운 투자 전략의 가능성을 제시하기도 한다.

주식 60%와 채권 40%로 구성한 포트폴리오(60 대 40 포트폴리오)는 장기 투자자에게 안정적인 포트폴리오로 주목받을 전망이다. 현

시점에서 60 대 40 포트폴리오는 SC그룹의 CMA를 기준으로 앞으로 5년간 연 6.2%의 기대수익률을 나타내고 있다. 과거보다 높아진 채권 일드(yield·수익률)는 안정적인 수익이자 경기 충격을 완충하는 수단이 될 수 있다.

금리 상승은 채권이 더는 '지루한' 투자 수단이 아님을 의미한다. 채권은 장기 투자자에게 포트폴리오의 기반을 강화할 수 있는 더욱 매력적인 수단이 될 것이다. 투자 진입 시점의 채권 일드가 높을수록 채권 투자 성과가 개선되고, 더욱 안정적이며 예측 가능한 인컴(수익)을 확보할 수 있다. 현재 미국 10년물 국채의 실질 금리는 2008년 금융위기 이전 수준까지 높아졌으며, 이는 매력적인 투자 기회로 활용할 수 있다. 회사채 일드 역시 지난 10년래 가장 높은 수준이라는 점에 주목할 필요가 있다. 지난 20년 전과 비교해 B-등급 이하 채권 비중이 감소한 것도 하이일드 채권의 신용도가 개선되고 있음을 의미한다.

주식에서는 미국 기술주의 높은 밸류에이션이 부담으로 작용하나, AI와 자동화 설비의 도입이 장기적으로 생산성과 기업 이익 개선을 촉진할 것으로 예상된다. 포트폴리오 다각화 관점에서 사모주식, 사모채권, 헤지펀드, 부동산의 역할도 점점 더 확대하고 있다. 이러한 대체투자는 인플레이션 방어, 자산 다각화, 잠재 수익률 확대 등을 이끌어낼 수 있다. 투자 진입 시점의 높은 일드는 채권의 매력을 높이며 포트폴리오의 안정적 성과로 이어질 것이다. 이에 전략적 자산 배분에서 채권 비중을 소폭 늘리는 것을 고려할 수 있다. 마지막으로, AI

개발 등으로 정부의 지출이 증가하면서 인플레이션을 유발할 가능성도 크다. 이러한 시기에는 주식과 채권 투자 외에도 대체투자, 부동산, 금, 현금 등으로 투자의 영역을 확장하는 것이 중요하다.

오드리 고_스탠다드차타드(SC)그룹 자산관리부문 자산배분총괄

Global View 4.

트럼프 시대 투자 전략(1)

'트럼프 시대' 투자자의 생존법

2025년, 전 세계 100여 개 국가에서 선거를 치렀다. 그중 미국 대통령 선거 결과는 그 누구보다 투자자에게 기대와 우려를 동시에 불러일으켰다. 이제 핵심 질문은 도널드 트럼프 미국 대통령이 대선 공약을 얼마나 충실하게 이행할지, 그리고 내각, 기업 총수, 금융시장의 목소리를 어디까지 수용할지에 모아지고 있다.

트럼프는 취임 후 2년 뒤 치르게 될 중간 선거까지 시간이 많지 않다는 것을 잘 알고 있어 자신의 계획을 빠르게 이행하려 할 것이다. 하지만 하원에서 공화당이 압도적 과반을 확보하지 못했고, 정책 자체도 모순이 많아 시간이 지날수록 트럼프의 정책 추진 동력은 가파르게 약해질 가능성이 크다. 이는 투자자 입장에서는 오히려 부담을 덜어주는 요인이다.

트럼프 2기 행정부의 정책 목표는 서로 상충하는 부분이 적지 않다. 미국 내 일자리 창출을 최우선 목표로 내세우는 동시에 인플레이션 통제를 강조하고 있기 때문이다.

인플레이션을 통제하려는 이유는 민주당이 지난 대선에서 패한 가장 주된 요인이 인플레이션 통제 실패였다는 판단 때문이다. 현재 미국 고용시장은 매우 타이트한 상황으로, 새 고용정책을 펼 여지도 크지 않다. 이는 인플레이션과도 밀접한 관계가 있다. 미국 내에서 더 많은 일자리를 창출하면 임금 상승을 자극할 수 있고, 이는 중앙은행의 인플레이션 목표치(2% 부근)를 넘어서는 물가 상승 압력으로 이어질 수 있다.

감세 정책은 주식시장에 긍정적으로 작용할 수 있으나, 동시에 인플레이션을 유발할 수도 있다. 과도한 감세안은 영국의 사례처럼 채권시장에서 투매를 불러올 수 있어, 주식시장의 상승과 채권시장의 안정성을 추구하는 트럼프 2기 행정부의 정책 방향과도 충돌한다.

관세 정책 역시 글로벌 경제와 미국 경제에 부정적이라는 평가가 많지만, 단기적으로는 상당한 세수 확대 효과를 기대할 수 있다. 이는 대규모 재정지출 축소와 맞물려 감세로 인한 세수 부담을 일부 상쇄해 미국 경제에 단기간 긍정적일 수 있다.

종합해 보면 미국 주식을 중심으로 한 글로벌 주식의 '비중 확대' 의견을 제시한다. 다만 미국 증시의 높은 밸류에이션(실적 대비 주가 수준)과 강세장에 대한 기대는 이미 시장에 상당 부분 반영된 상황이기 때문에 밸류에이션과 강세장의 기대만으로 '묻지마 투자'를 해서는 안 된다.

따라서 미국 주식에만 집중하기보다 미국에 소폭의 무게를 두되, 다각화한 글로벌 투자 포트폴리오를 구축하는 것이 중요하다. 또 전 세계적으로 지정학적 리스크가 높은 만큼, 안전자산인 금에 대한 '투자 확대' 의견을 유지한다. 이러한 환경은 안전자산에 대한 투자 수요를 자극해 자연스럽게 금값을 끌어올리고 있다.

미국 경제의 탄탄한 성장을 고려해 하이일드(고위험·고수익) 채권에 대한 '비중 확대' 의견을 제시한다. 가격 부담은 있지만 절대적인 이자 수익이 매력적이고, 현재 미국 경기 여건상 부도율도 낮은 수준을 유지할 가능성이 크기 때문이다.

스티브 브라이스_스탠다드차타드(SC)그룹 최고투자전략가

Global View 5.

트럼프 시대 투자 전략 (2)

트럼프 폭풍 속, 변동성 방어에 힘써야

도널드 트럼프 미국 대통령이 공격적인 태도를 누그러뜨리며 주요 교역국과의 협상 타결 기대감을 높이자 금융시장도 변동성을 줄이고 있다. 이러한 흐름에도 글로벌 경제는 여전히 미국발 관세 리스크에 따른 불확실성에 노출되어 있다. 따라서 지금 시장 상황을 고려할 때 투자자는 금, 선진시장 투자등급 국공채와 같이 변동성 방어력을 지닌 자산을 포트폴리오에 편입해 안정성을 강화하는 기회로 삼아야 한다. 또한 미국 달러 약세가 예상보다 장기화될 경우에 대비해 투자하려는 통화를 다각화할 기회로 삼을 수도 있다.

트럼프 대통령이 '미국 해방의 날(4월 2일)'이라며 공격적인 상호 관세 부과를 발표한 이후 미국 주식시장의 변동성(VIX 지수 기준)은 50을 웃돌며 수년 내 가장 높은 수준까지 급등했다. 미 국채시장의 변동성 역시 2년 내 최고치(MOVE 지수 기준)로 치솟으며 미 10년물 국채금리는 연 4.6% 수준까지 가파른 상승세를 보였다. 이처럼 시장금리가 연 4.0~4.25% 박스권 상단을 돌파하는 일시적인 오버슈팅(폭등) 국면에선 미 국채의 비중을 확대할 만한 매력적인 기회일 수 있다. 중국 정부가 미 국채 매도세를 가속화할 가능성은 제한적일 것으로 보인다. 중장기 관점에서 현 금리 수준은 신용도가 높은 양질의 투자등급 국공채 확보에 매력적이라고 판단된다.

금은 지정학적 불확실성과 미 달러 약세 속에 연초 이후 20% 넘는 상승을 보이며 올해 주요 자산 중 가장 높은 수익률을 기록하고 있다. 금의 강세는 금 상장지수펀드(ETF)로의 자금 유입을 가속하는 요인으로 작용하고 있다. 세계금협회에 따르면 2025년 1분기 총 210억 달러의 자금이 금 ETF로 순유입됐다. 이는 분기 기준 집계 이래 두 번째로 큰 규모였다.

흥미로운 점은 1분기 금 ETF 자금 순유입의 16%(금 ETF 총자산의 약 7%)가 미국 관세 정책의 영향력이 큰 아시아에서 비롯됐다는 것이다. 국가별로는 중국과 일본에서 자금 유입세가 두드러졌다. 중국과 일본 중앙은행의 견조한 금 매수세와 이어지고 있는 미국의 정책 불확실성 등을 고려할 때 앞으로 금 가격은 장기적으로 지속 상승할 것으로 전망한다.

2025년 금융시장의 주된 변화 중 하나는 미 달러 지수가 지난 3년간의 박스권(100~110)을 벗어나는 약세를 보였다는 것이다. 미 달러 지수는 연초 이후 약 8% 급락했다. 이는 미 달러 표시 자산에 대한 보유 비중이 높은 대다수 글로벌 투자자에게는 달갑지 않은 소식이다. 트럼프 행정부가 글로벌 무역 질서를 개편하려는 현 상황에서 투자 포트폴리오 내 통화의 다각화에 나설 필요가 있다. 아시아와 유럽 자산에 대한 균형 잡힌 자산 배분을 통해 미 달러 약세를 헤지할 수 있을 것으로 판단한다.

자산 배분 모델은 헤지펀드, 사모주식, 사모채권, 인프라, 스포츠 투자 등 대체투자 자산에 대한 포트폴리오 비중 확대를 함께 제안한다. 대체투자를 활용한 다각화는 고물가로 인해 주식과 채권 간의 자산 배분 효과가 희석되는 시기에 더욱 유용한 전략이다.

레이몬드 청_스탠다드차타드(SC)그룹 북아시아지역 최고투자전략가

Global View 6.

인플레이션 시대 투자법

인플레 시대, 어디에 어떻게 투자할까

워런 버핏이 이끄는 기업으로 잘 알려진 미국의 버크셔 해서웨이가 최근 현금 보유량을 대폭 늘렸다는 소식이 이목을 끌고 있다. 1990년 이후 가장 높은 수준으로, 보유 자산의 약 28%를 현금으로 보유하게 됐다는 것이다.

장기적인 기대수익 측면에서는 주식보다 채권을 우선 고려해야 한다. 우선 주식과 채권의 기대수익을 구체적으로 살펴보자. 앞으로 5년간 미 주식의 기대수익률은 2023년 기준 5.7%였으나 2024년에는 5.2%로 하락했다. 미국 국채의 기대수익률인 4.7%와 비교해보면 채권이 주식보다 훨씬 낮은 변동성으로 유사한 수익을 제공한다는 점을 알 수 있다. 과거에는 주식 비중에 무게를 뒀다면, 앞으로는 채권에 좀 더 많은 비중을 배분해야 함을 시사한다.

다만 팬데믹 이후 과거보다 높은 수준의 물가 압력이 이어지면서 채권의 실질 수익은 크지 않을 수 있다. 고물가 환경은 포트폴리오 내 주식과 채권의 분산 효과를 낮춘다. 이렇다 보니 다수의 투자자는 단순히 현금을 비축하고 기회 요인을 관망해야 하는 것은 아닌지 갈등하게 된다.

앞으로 주목할 부분은 인플레이션이다. 몇몇 미국 투자은행은

2008~2009년 글로벌 금융위기 이후 10년간의 저물가 국면에서 벗어나 인플레이션이 더 높아질 수 있는 환경을 고려해, 채권이 더는 매력적인 투자처가 아니라고 주장한다. 이러한 우려는 일정 부분 타당하다. 지난해 미 대선에서 공화당이 압승하면서 인플레이션이 장기간 높은 수준을 유지할 가능성이 커졌다. 트럼프 행정부의 재집권으로 관세 인상, 강경한 이민정책, 감세 등이 이어질 확률이 높기 때문이다. 이론적으로 경제에서 유휴 생산능력이 부족하고 수입품을 자체 생산으로 대체할 능력이 제한적이라면, 이러한 요인이 인플레이션을 초래할 수 있다. 다만 현 채권 금리에는 이미 이러한 위험 일부가 반영되고 있다.

그렇다면 투자자는 어떻게 대응해야 할까. 해답은 다양한 자산군에 대한 정기적인 투자 계획을 세우는 것이다. 주식은 인플레이션에 대한 장기적인 헤지(위험 회피) 수단이 될 수 있다. 금은 포트폴리오의 5~10% 정도로 비율을 제한하는 것이 바람직하다. 채권은 여전히 포트폴리오 구축에서 유용한 역할을 할 수 있다. 물가상승률을 웃도는 수준의 일드를 확보할 가능성이 크기 때문이다.

이와 함께 투자 수익률 제고를 위해 전통적 시장 외에 다른 영역(대체자산 활용)으로 포트폴리오를 다각화하는 것도 고려해야 한다. 먼저 사모채권과 사모주식은 장기적으로 9% 수준의 기대수익을 나타낸다. 따라서 사모 자산을 편입하면 전체 포트폴리오의 기대수익을 높이는 동시에 분산 투자 효과로 변동성을 다소 줄일 수 있다. 여기서 유의할 점은 투자 기회에 대한 적정성을 제대로 평가해야 한다는 것이다. 사모 자산은 공모 시장보다 매니저에 따른 성과 편차가 크기 때문이다.

부동산 역시 관심을 둘 만한 투자 분야로 꼽을 수 있다. 기대수익률은 공모·사모 시장의 다른 투자처보다 낮지만, 인플레이션을 방어할 수 있는 현금흐름을 창출할 수 있어 매력적인 특징을 지닌다. 특히 지금과 같은 투자 환경에서는 이러한 장점이 더욱 두드러진다.

스티브 브라이스_스탠다드차타드(SC)그룹 최고투자전략가

Global View 7.

트렌드에 흔들리지 않는 투자 전략

트렌드를 좇기보다 나에게 적합한 투자 전략을 찾아라

투자를 하다 보면 기술주, 가상자산, 최신 테마형 펀드 등 시장에서 유행하는 트렌드를 따라가고 싶은 유혹에 노출되기 마련이다. 장기적 관점의 투자 성공을 위해서는 유행을 좇기보다 시장 사이클의 부침을 모두 견뎌낼 수 있는 구조와 원칙, 그리고 포트폴리오 전략이 필요하다.

기초 포트폴리오를 구축하고 기회주의적 투자(시장 상황이나 환경 변화를 수익 추구에 즉각 활용하는 투자 기법)를 병행하는 자산 배분 전략은 단순하지만 강력하다. 기초는 포트폴리오의 일관성을 제공하고, 기회주의적 투자는 유연성을 더해준다. 강력한 기초 포트폴리오는 다양한 자산(주식·채권·대체자산)에 적절히 분산되어 있고, 지역적으로도 균형을 이룬다. 기초 포트폴리오는 시간이 지날수록 복리 효과가 점증하기 때문에, 시장의 변동성이 큰 시기에도 비중을 확보해 나갈 필요가 있다.

기초 포트폴리오를 구축하고 나면 기회주의적 투자에 주목할 필요가 있다. 예를 들어 주식·채권의 특정 섹터나 테마, 팩터 전략(가치·모멘텀 등), 주식과 하이일드 채권의 개별 종목, 디지털 자산 투자 등이 있다. 이러한 투자는 높은 수익을 가져올 수 있지만, 더 큰 변동성과 하방 위험 역시 수반한다. 따라서 투자 비율 관리가 핵심이므로 전체 포트폴리오의 10~30% 이내로 비율을 제한하는 것이 바람직하다.

기초 포트폴리오는 투자자의 생애주기와 재무 목표에 따라 성장, 인컴(수익), 혹은 이 둘의 조합으로 자산 배분의 방향을 설정할 수 있다. 성장 중심의 전략은 포트폴리오의 총수익과 자본 증식을 우선으로 한다. 1999년 이후 스탠더드앤드푸어스(S&P)500 지수의 누적 수익률을 살펴보면, 배당금 재투자를 포함한 수익은 배당금을 재투자하지 않았을 때와 비교해 268%포인트 높은 초과 성과를 기록했다. 장기 성과에서 무엇보다 중요한 것은 시장 타이밍보다 시장에 머무르는 시간이다. 투자 기간이 길수록 잠재적인 최고 수익률과 최저 수익률 간의 격차는 점점 좁혀진다.

인컴 전략은 정기적인 현금흐름 창출에 중점을 두며, 은퇴자나 정기적인 현금이 필요한 투자자에게 적합하다. 이 전략의 주요 위험 요인은 장수 리스크로, 특히 분배금의 재투자 없이 너무 많이 너무 일찍 현금을 인출하면 자산을 예상보다 빠르게 소진할 가능성이 있다는 점이다. 인플레이션을 방어하기 위해서는 주식과 채권 간 균형 잡힌 포트폴리오가 필수적이다. 역사적으로 주식과 채권으로 자산 배분이 이뤄진 포트폴리오는 연 4%씩 현금을 인출하더라도 30년간 지급 능력을 유지할 확률이 90%지만, 채권으로만 구성한 포트폴리오는 그 확률이 42%에 불과하다.

성장과 인컴을 결합한 혼합형 포트폴리오는 정기적인 현금흐름과 장기적인 자본 성장을 동시에 추구하는 투자자에게 적합하다. 현금은 경기 불황이나 스태그플레이션(경기 침체 속 물가 상승) 시기에만 위험 자산 대비 높은 성과를 보이고, 그 외 기간에는 포트폴리오 성과를 저해할 수 있다.

다각화된 기초 포트폴리오를 보유하고 있다면, 시간은 가장 큰 힘이 된다. 투자 기간이 길수록 손실을 볼 확률이 낮아진다. 단순히 트렌드를 좇기보다 자신에게 적합한 투자 전략을 갖추는 게 중요한 이유다.

오드리 고_스탠다드차타드(SC)그룹 자산관리부문 자산배분총괄

Global View 8.

AI 투자 열풍에 대응하는 투자법

그린스펀의 옛 경고는 유효한가

앨런 그린스펀 전 연방준비제도(Fed) 의장은 1996년 12월, '민주주의 사회에서 중앙은행이 직면한 어려움'이라는 제목으로 연설했다. 특히 이 연설에 쓰인 '비이성적 과열'이라는 문구는 현재까지도 회자되고 있다. 이는 닷컴 버블로 금융시장이 무너지기 전, 투자자의 과도한 낙관주의를 일컫는 말로 그린스펀이 처음으로 사용한 용어다.

그린스펀이 과연 선견지명이 있었던 것일까? 두 가지 측면에서 "아니오"라고 답할 수 있다. 첫째, 그린스펀의 연설이 당시 큰 주목을 받았지만 '비이성적 과열'이라는 표현은 미래를 예견한 것이 아니라, 실제로 시장이 과열된 상태에서 중앙은행이 어떻게 대응해야 하는지에 대한 질문이었다. 둘째, 미국 주식시장은 이 연설 이후 고점에 달하기까지 200% 이상 추가 상승했다.

오래전 연설을 다시 떠올린 이유는 1990년대 후반과 현재의 시장 상황이 매우 유사하기 때문이다. 1990년대에는 인터넷의 혁신적 영향이 시장을 지배했다면, 지금은 인공지능(AI)이 그 역할을 하고 있다. 닷컴버블 당시처럼 AI 열풍은 기업 가치를 천정부지로 끌어올렸고, 투자자는 지금의 투자 결정이 12개월 안에 재앙으로 이어지지 않을까 우려하고 있다.

요즘 우리는 꼬리 위험이 더욱 두터워진 '팻테일 리스크(Fat Tail Risk·예측할 수 없는 이례적이고 극단적인 변동성)'의 시대에 살고 있다. 정책 여건이 매우 불확실하다. 예를 들어 미국에서는 정책 변경 시 소수 사람에 의해 의사결정이 이뤄지고 있다. 호재와 악재 모두 예기치 않게 발생할 확률이 과거보다 높아졌다.

미국 도널드 트럼프 정부의 수입 관세 정책의 영향 정도나 지속 기간을 예측하기 어렵다. 지정학적 질서도 재편되고 있다. 미국이 자국의 힘을 과시하려는 행보는 새로운 동맹을 모색하고 미국 의존도를 줄이려는 다른 나라의 움직임을 강화함으로써 장기적으로는 미국의 영향력을 약화시킬 가능성이 있다. 대표적인 예가 관계 개선을 모색하기 위한 중국과 인도의 대화 재개다. 물론 불확실성 측면에서 가장 중요한 요인은 AI가 세계 경제에 미칠 영향이다.

현재 AI가 얼마나 생산성을 높이고 성장을 촉진하며 인플레이션 압박을 억제할 수 있을지가 주요 논점이 되고 있다. 한편으로는 AI로 인해 많은 일자리가 불필요해지면서 광범위한 실업으로 이어질 수 있다는 우려도 존재한다. 핵심은 이러한 상황이 경기 침체로 이어질지 여부다. 미국에서는 이미 고용 약화 조짐이 나타나고 있으며, 최근 수정된 지난해 데이터를 보면 노동시장의 견조함이 실제보다 과장됐음을 시사한다. 이러한 우려 때문에 연준은 금리 인하 사이클을 재개했다.

그렇다면 리스크가 뚜렷한 환경에서 어떤 방식으로 투자해야 할까. AI 주도의 투자 열기가 거세지는 가운데 가장 바람직한 대응은 기존 투자 계획을 꾸준히 이행하고, 포트폴리오 방어 수단을 최대한 활용하는 것이다. 일차적 방어선으로 현금과 주식, 채권, 금, 유동성 대체 자산 등 최대한 다양한 자산군과 지역으로 포트폴리오를 다각화해야 한다. 경험이 많은 투자자는 주식 하방 리스크에 대한 주가지수 풋옵션에 대한 선별적 접근을 통해 부분적인 방어도 고려할 수 있다.

스티브 브라이스_스탠다드차타드(SC)그룹 최고투자전략가

Global View 9.

전략적 자산 배분 투자, 금

불확실성 속 더 빛나는 금의 가치

경기 불확실성이 지속되는 가운데, 전략적 자산 배분의 주요 투자처로 금에 대한 관심이 높아지고 있다. 2025년 10월 말 기준 금값은 온스당 4,300달러를 웃돌며 사상 최고치를 경신했다. 금값 급등의 주요 요인으로는 지정학적 긴장 고조, 미 연준의 금리 인하 기대, 각국 중앙은행의 강력한 금 수요 등을 들 수 있다. 2025년에 금 가격이 60% 이상 상승하며 주요국 증시의 성과를 웃돌았다는 점은 안전자산으로서 금의 역할이 더욱 두드러지고 있음을 보여준다.

특히 금 상장지수펀드(ETF)의 부상으로 투자자가 물리적으로 금을 보유하지 않고도 금 투자 비중을 확보할 수 있게 됐다. 골드바, 금코인, 금 ETF에 대한 투자가 전체 금 수요의 23%를 차지한다. 금에 투자하는 목적은 크게 네 가지로 나눌 수 있다.

첫째, 가치 저장의 대표적 수단이다. 금 공급량은 2010년 이후 연간 증가율이 1.1% 수준에 그치고 있는 만큼 법정화폐보다 물가 압력의 영향을 덜 받는다.

둘째, 인플레이션 헤지(위험 회피) 역할이다. 금은 인플레이션 국면에서도 가치를 유지하는 경향이 있다.

셋째, 안전자산 역할이다. 경제가 불안정하고 시장 변동성이 높아지면 투자자의 금 수요가 증가한다.

넷째, 다각화 수단이다. 금을 포함한 귀금속은 주식·채권과 다른 가격 움직임을 보인다. 따라서 금을 다각화 수단으로 활용하면 리스크를 완화할 수 있다. 역사적으로 포트폴리오에 금 비중을 일부라도 편입하면, 인플레이션과 통화 변동성을 완충하며 위험 대비 수익을 개선할 수 있었다.

투자자가 포트폴리오에 금 비중을 확보하는 방법은 다양하다. 우선 실물 금을 보유하는 방법이다. 이는 완전한 통제가 가능하고 거래 상대방 리스크가 없다는 장점이 있지만, 보관 비용과 낮은 환금성은 단점으로 꼽힌다. 이러한 단점을 보완하는 방법은 금 ETF와 뮤추얼 펀드에 투자하는 것이다. ETF는 금값을 추종하며 거래소에서 활발히 거래할 수 있다. 뮤추얼 펀드는 금 채굴 기업, 실물 금, 기타 금융자산을 혼합해 금 관련 자산에 집중 투자한다. 이 방법은 유동성이 높고 보관 문제는 없지만, 간접 소유권 형태로 수수료가 발생하고 실물 금 값을 온전히 추종하지 못할 수 있다.

금광 기업 주식에 투자하는 것도 방법이다. 금 채굴 기업의 주식, 혹은 관련 ETF·뮤추얼 펀드는 금값 상승 이상의 수익을 낼 가능성이 있다. 이 방법은 영업 레버리지 효과로 더 높은 수익을 기대할 수 있지만, 기업 자체 이슈나 지정학적 요인으로 더 큰 위험에 노출될 수 있다는 점도 고려해야 한다.

금 선물과 옵션 투자는 높은 수준의 잠재 수익 가능성이 존재한다는 장점이 있지만, 동시에 높은 리스크와 투자 전문성을 요구한다. 상당한 손실 가능성을 감수해야 한다는 단점도 존재한다.

최근 금값 상승은 불확실한 시장 환경에서 금만이 가진 가치 저장 특성을 반영한다. 금 가격의 변동성을 고려할 때, 자산 배분 관점에서 포트폴리오에 일정 비율의 금을 확보하고 장기 투자하는 것이 바람직하다.

오드리 고_스탠다드차타드(SC)그룹 자산관리부문 자산배분총괄

Global View 10.

변동성 시대의 투자

변동성의 시대, 현명한 투자 전략은?

2025년은 글로벌 투자자에게 매우 양호한 수익을 안겨준 한 해였다.

미국발 무역 불확실성과 지정학적 리스크, 미 재정적자 우려에도 글로벌 증시는 신고점을 경신하고 있으며 미국 국채금리도 안정적인 흐름을 이어가고 있다. 2026년에도 변동성은 이어지겠지만, 궁극적으로 시장은 더 강한 흐름을 보이고 달러화는 약세 기조를 유지할 것으로 예상된다. 다만 글로벌 주식은 변동성이 높은 시기에 진입하고 있어 이에 대비할 필요가 있다. 투자자는 해가 바뀌는 시기 단기 변동성이 주는 기회를 놓치지 말고, 올해 말과 내년 초(2025년 말~2026년 초) 투자 테마를 차근차근 포트폴리오에 반영해야 한다.

스탠다드차타드(SC)그룹은 향후 투자의 주요 테마를 세 가지로 요약한다. 글로벌 주식 비중 확대(특히 일본 제외 아시아에 주목), 달러 약세에 따른 신흥시장 현지 통화 표시 채권 선호, 금과 대체투자를 통한 다각화 수단 확보가 그것이다. 도널드 트럼프 미국 대통령의 무역 휴전 종료와 관련된 전개 상황도 SC그룹의 달러 약세 전망에 부합한다. SC그룹은 현 상황을 향후 투자 테마 포트폴리오에 반영할 적기로 보고 있다.

달러 약세 전망 하에서 주식은 일본 제외 아시아 지역에 비중 확대 의견을 제시한다. 더불어 SC그룹의 퀀트(정량적 투자 전략) 모델이 미국을 비롯한 주요 선진국에 강세 신호를 보내고 있다는 점을 고려할 때, 지역별로 다각화한 접근 역시 유효하다.

SC그룹의 퀀트 모델은 미국뿐 아니라 일본, 영국의 주식에도 강세 시그널을 유지하고 있다. 이는 주요 주식시장이 새로운 고점을 경신할 가능성을 뒷받침한다. 최근 나스닥과 아시아 주요 지수도 이런 흐름에 부합하는 상승세를 보이고 있다. 이러한 시장 상황은 투자 심리가 미국 주식 비중을 확대하는 쪽으로 기울 수 있다. 하지만 현재의 흐름은 결국 지속적인 달러 약세 압력으로 이어질 가능성이 높다고 보고 있다. 따라서 미국에 집중하기보다는 지역별로 다각화한 접근이 유효하다는 의견이다.

SC그룹은 일본 제외 아시아 주식에 대한 선호 의견을 유지한다. 변동성 구간에서 비중 확대를 모색할 수 있다는 판단이다. 특히 최근 미국과의 합의 이후 무역 관련 리스크가 제한적으로 유지되고 있는 중국이 상승세를 주도할 것으로 전망한다.

유럽은 국내총생산(GDP)의 5%를 국방에 지출하려는 북대서양조약기구(NATO) 회원국의 정책 공감대가 형성되며 재정 확대를 기대할 수 있다. 이는 유로존 주식에 대한 핵심 보유 의견과 해당 지역의 산업재 업종에 대한 선호 입장을 뒷받침한다. 일본은 일본은행(BOJ)의 금리 인상 속도 조절 기조를 근거로 핵심 보유 의견을 유지한다.

미국 연방준비제도(Fed)의 주요 인사들은 고용시장이 추가로 둔화할 경우 금리 인상을 재개할 가능성을 언급하고 있다. 미국 달러 표시 채권은 미 10년물 국채 금리가 4.5%를 웃돌면 비중 확보를 고려할 수 있다(2025년 11월 기준 4.0% 수준). 이 중에서도 5~7년 만기의 중기채를 선호한다.

또한 인플레이션 우려에 따른 변동성을 낮추는 수단으로 미국 물가

연동국채(TIPS)에 대한 투자 의견을 유지한다. 신흥시장 현지 통화 표시 채권은 향후 과도한 수급 부담이 해소되는 시점에 비중 확보 의견을 제시한다.

맨프리 길_스탠다드차타드(SC)그룹 아프리카·중동·유럽 최고투자전략가

PART 01

금리 인하기 똑똑한 투자법
예금, 안전자산, 노후보장, 세제 혜택까지

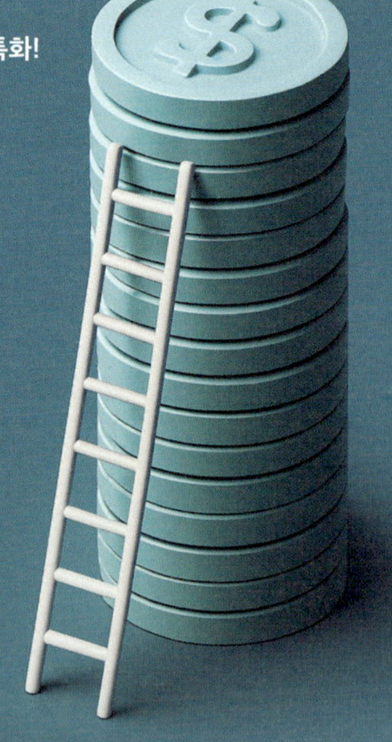

01. 예금

금리 인하기, 주가지수연동형 예금 & 고금리 특판예금

"은행 이자는 너무 낮아져서 세금 떼고 나면 손에 쥐는 게 없어서요. 그렇다고 주식에 투자하긴 좀 겁나고 원금 보장되는 상품 위주로 찾아볼까 해요."

직장인 한모(42) 씨는 3년 전 가입한 고금리 예금 만기를 앞두고 은행 예금을 대체할 투자처를 찾고 있다. 금리 인하기에 맞춰 예금 금리가 떨어진 데다 물가까지 치솟으면서 은행에 돈을 맡겨도 실제 손에 쥐는 이자가 거의 없기 때문이다. 5대 은행이 2025년 10월 취급한 1년 만기 정기예금 평균 금리는 연 2.4~2.6%인데, 같은 달 물가는 2.4% 오르며 1년 3개월 만에 가장 큰 폭으로 뛰었다. 실질금리가 거의 '0'에 가깝다는 얘기다. 실질금리는 명목금리에서 물가상승률을 뺀 것이다.

예·적금 '쥐꼬리 이자'에 원금 지키며 수익 노리는 ELD 인기

시중은행의 예·적금 금리가 낮아지면서 자산 증식을 원하는 투자자들의 고민이 깊어지고 있다. 초저금리 속에 활황인 주식 시장에 눈을 돌리는 이들도 있지만, 원금을 보전하려는 경향이 강한 '예테크족(예금+재테크족)’ 사이에서는 주가연계예금(ELD) 등 저위험 상품이 주목받고 있다.

은행에서 판매하는 ELD는 주가 변동에 따라 정기예금보다 높은 수익을 올릴 수 있는 금융상품이다. 고객이 맡긴 원금은 정기예금으로 넣어두고, 여기서 나온 이자를 주가지수연계 옵션 등 파생상품으로 운용해 추가 수익을 내는 구조다. 따라서 주가 등락에 따라 수익을 내지 못할 가능성도 있지만 원금은 지킬 수 있다. 대규모 손실을 낳은 ‘홍콩 H지수 주가연계증권(ELS) 사태’로 원금 보장의 중요성이 부각되면서 대안 투자처로 관심이 커졌다. 예금자 보호 한도가 2025년 9월부터 5,000만 원에서 1억 원으로 올랐는데, ELD 상품은 예금자 보호도 적용된다. 최악의 경우 은행이 망하더라도 돈을 돌려받을 수 있다는 얘기다.

예컨대 KB국민은행이 2025년 10월 말 내놓은 ‘KB Star 지수연동예금 25-4호’는 코스피200 지수를 기초자산으로 하는 1년 만기 상품으로, ‘상승 추구형(최저이율 보장형)’, ‘상승 낙아웃형(고수익 목표형)’, ‘범위 수익 추구형’ 등 세 가지 유형 중 본인 성향에 맞는 것을 선택해 가입할 수 있다. ‘상승 낙아웃형’에 가입할 경우 지수 변동에 따라 최저 연 1.70~최고 연 7.90%의 수익률을 기대할 수 있다.

하나은행이 판매 중인 ‘지수플러스 정기예금 25-20호(고수익 추구형)’는 투자 기간 동안 코스피200 지수 상승률이 20% 이하를 기록하면 최고 연 6.55% 금리를 준다. 조건 범위에서 지수 상승률이 높아질수록 수익률이 올라가는 구조다. 다만 코스피200 지수가 기준일과 똑같거나 하락한 경우, 투자 기간 지수 상승률이 한 번이라도 20%를 초과한 경우에는 연 1.75% 이자만 받게 된다.

금융권에 따르면 KB국민·신한·하나·NH농협 등 4개 시중은행의 올해 ELD 판매액은 2025년 10월 기준 9조 3,526억 원으로 집계됐다. 이미 작년 한 해 판매액(7조 3,733억 원)을 넘어섰다. 2023년(2조 2,303억 원)과 비교하면 4배 이상 늘었다.

증권사에서 파는 주가연계파생결합사채(ELB)도 ELD처럼 원금은 보장하되, 주가지수나 개별 주식 가격 등 기초자산의 움직임에 따라 수익이 결정되는 상품이다. 키움증권의 '키움 ELB 980호'는 만기일에 삼성전자 주가가 지금보다 두 배 넘게 오르면 연 5.01%, 그렇지 않으면 연 5% 이자를 받을 수 있다. ELB 발행 규모도 2025년 10월 기준 19조 원을 넘어서면서 작년 같은 기간보다 20% 가까이 늘었다.

한 시중은행 관계자는 "주식에 직접 투자하기는 부담스럽고 은행 정기예금 금리는 낮아서 만족하지 못하는 고객들이 주요 수요층"이라며 "증시가 뜨겁다 보니 ELB, ELD 투자로 예금보다 높은 수익률을 올리려는 투자자가 많다"고 설명했다.

실제로 코스피는 2025년 하반기 들어 로켓 상승세를 보여왔다. 4,000선을 넘어 4,200 안팎까지 질주하며 '불장'을 연출했다. 이후 4,000선을 내주기도 했지만, 처음으로 4,000선을 돌파한 코스피가 5,000까지 오를 수 있다는 투자 전문 기관의 전망까지 나온 상황이다. JP모건은 "코스피 수준은 여전히 싸다"며 앞으로 12개월 기준 코스피 목표치를 5,000으로 제시했다. KB증권 역시 "40년 만의 장기 상승 국면이 시작됐다"고 평가하며 코스피가 5,000에 도달할 것으로 내다봤다.

다만 원금 보장형 상품임에도 유의할 점은 있다. ELB는 ELD와 달리 예금자 보호 대상이 아니라 증권사가 파산하면 원리금을 돌려받지 못할 수 있다. 또 수익률이 기대에 미치지 못할 수도 있다. 기초자산 가치가 떨어지면 원금만 챙겨야 할 수 있다는 뜻이다. ELB와 ELD는 중도 해지 시 수수료를 떼기 때문에 원금보다 적은 금액을 돌려받을 수 있다는 것도 인지해야 한다.

간간이 나오는 '특판 예금'에도 눈길

제2금융권의 '특판 예금'도 조금이라도 높은 금리를 받으려는 예테크족들이 몰리는 상품이다. 다만 올해는 금리 인하 기조에 부동산 프로젝트파이낸싱(PF) 부실 정리를 위한 건전성 관리가 더해지면서, 저축은행 등 2금융권에서 고금리 상품이 잘 보이지 않고 있다. 저축은행 중앙회(2025년 11월 7일 기준)에 따르면 전국 79개 저축은행 중 12개월 만기 기준 연 3% 이상의 금리를 제공하는 정기예금 상품이 전무한 것으로 나타났다. 8월 말만 해도 180여 개였는데 두 달여 만에 완전히 사라졌다. 정기예금 평균 금리도 연 2.67%로 낮아졌다. 연말이면 나오던 7~8% 금리의 특판도 보기 힘들다.

그나마 상호금융권에서 아직 3%대 금리를 받을 수 있는 특판 예·적금 상품이 간간이 나오고 있다. 상호금융권이란 새마을금고, 신용협동조합(신협), 농협, 수협, 산림조합 등 조합 형태의 금융기관이다.

예컨대 울산수협은 2025년 11월 3일부터 30일까지 연 최고 3% 금리를 주는 'sh얼쑤!정기예금'을 판매했다. 기본금리 연 2.9%에 마케팅 전체 동의 시 우대금리 0.1%포인트를 제공한다. 납입한도는 10만 원 이상 1억 원 이하다. 한도가 소진되면 조기 마감될 수 있다. 송파농협은 2025년 10월까지 연 최고 3% 금리를 주는 정기예금 특판(오프라인 전용)을 진행했다. 가입 기간은 6개월, 최소 가입 금액은 1,000만 원 이상이었다. 제주축산농협도 2025년 10월 한 달간 연 최고 4.5% 금리를 주는 적금 특판을 진행한 바 있다. 가입 기간은 18개월, 최대 납입한도는 1억 원이었다. 특판 상품 정보는 재테크 커뮤니티 등에서도 빠르게 공유돼 참고하면 좋다.

상호금융기관은 은행보다는 다소 높은 금리를 주고, 1인당 3,000만 원 한도 내 예탁금에서 발생하는 이자소득에 대해 비과세 혜택(15.4%)을 제공하는 세제 혜택이 있어 예테크족에게 매력적인 선택지가 돼 왔다. 다만 상호금융 비과세 혜택은 올해를 끝으로 단계적으로 축소될 가능성도 있다. 정부가 2025년 7월 발표한 세제 개편안에 따르면 총급여 5,000만 원을 초과하는 준조합원(회원)은 2026년 5%, 2027년부터 9%의 세율을 적용받는다. 비과세 혜택 축소와 관련해 업계 반발이 커 국회 논의 과정에서 기존 혜택이 유지될 가능성도 있다. 비과세 혜택을 노린다면 논의 과정을 지켜보며 대응할 필요가 있다.

좀 더 공격적인 투자를 시도한다면 출자금을 넣고 배당을 받는 것도 고려해볼 만하다. 출자금은 2,000만 원까지 배당소득 비과세가 적용된다. 다만 출자금은 예금자 보호 대상이 아니기 때문에 조합이 파산할 경우 손실이 발생할 수 있다는 점을 명심해야 한다. 상품에 가입하기 전 개별 조합의 경영 상황을 반드시 확인하는 것이 필수다.

주요 은행 주가연계예금(ELD) 판매액

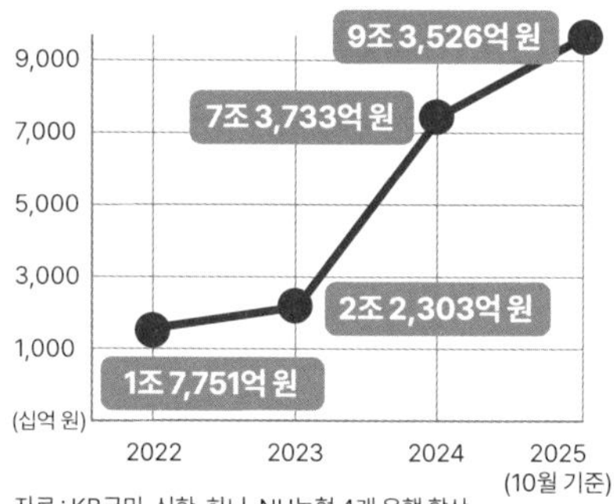

자료 : KB국민, 신한, 하나, NH농협 4개 은행 합산

5대 은행 12개월 만기 정기예금 평균 금리

은행	상품	금리(%)
KB국민	KB Star 정기예금	2.47
신한	쏠편한 정기예금	2.46
하나	하나의 정기예금	2.49
우리	WON플러스 예금	2.47
NH농협	NH올원e예금	2.50
	NH고향사랑기부예금	2.30
	NH내가Green초록세상예금	2.32

※금리는 전월 취급 평균 금리 (자료:은행연합회 소비자포털)

02. 금

다락같이 치솟는 금값, 골드바부터 ETF까지

2025년은 미국 관세의 불확실성, 금리 인하 지연으로 대표적인 안전자산인 금값이 고점을 찍으면서 국내에도 금 투자 규모가 급격히 늘어났다. 은행권의 골드뱅킹 잔액은 2025년 한 해 동안 103% 늘어 1조 원을 훌쩍 넘겼다. 실물 골드바 판매금액도 6,000억 원을 넘어 금 투자에 대한 관심을 증명했다. 자산관리 전문가들은 내년 금리 인하폭, 미국 달러화 강세 완화와 지정학적 리스크 등을 고려할 때 금 투자 비중을 높이기보다는 유지하는 것을 추천했다.

은행 골드뱅킹·골드바 판매 급증

금융권에 따르면 5대 은행(KB국민·신한·하나·우리·NH농협)의 11월 7일 기준 골드뱅킹 계좌 수는 총 32만 5,848좌로, 2025년 1월 말(27만 5,424좌)에 비해 18% 증가했다. 특히 2025년 9월 골드뱅킹 계좌 수가 30만 좌를 넘긴 후 10월 한 달 동안 1만 5,282좌가 순증했다. 은행 골드뱅킹 계좌 수가 한 달 만에 5% 늘어난 셈이다. 골드뱅킹은 고객이 원화를 입금하면 국제 금 시세와 원·달러 환율을 적용해 금으로 적립하는 이른바 금 적립계좌로, 실물로 인수하지 않고도 금에 투자 가능한 상품이다.

은행의 골드뱅킹 잔액은 더 큰 폭으로 늘었다. 2025년 1월 말 5대 은행의 골드뱅킹 잔액은 8,353억 원에서 11월 7일 기준 1조 6,929억 원으로 약 103% 증가했다. 10개월 새 8,576억 원이 늘어난 것으로, 그만큼 금 투자금액이 많아졌다는 얘기다. 2025년 3월 1조 원을 돌파한 후 9월 1조 4,171억 원, 10월에는 1조 6,689억 원으로 급격히 증가했다.

은행을 통해 실물 골드바를 구입한 투자자도 많았다. 2025년 1월 1일부터 11월 7일까지 5대 은행이 총 판매한 골드바는 6,018억 원에 달했다. 국민·신한·우리·농협은행이 같은 기간 판매한 실버바는 307억 원으로 골드바뿐 아니라 현물 실버바 수요도 높았다.

이 같은 투자 열기는 2025년 들어 금값이 역사적 고점을 경신했기 때문이다. 국제 금 시세는 지난 10월 20일 종가 기준 온스당 4,359.40달러(시카고파생상품거래소그룹 산하 금속선물거래소 코멕스 12월 인도분 금 선물 기준)를 기록했다. 종가 기준 사상 최고치였다. 이에 금 거래소가 골드바 공급을 중단하며 은행들이 골드바를 취급하지 못하는 이른바 '품귀 현상'까지 발생했다. 실버바 또한 같은 이유로 판매가 잠정 중단됐다.

2026년, 금은 늘리기보다는 유지

전문가들은 장기적으로는 금값이 오르겠지만, 당장 내년에

**5대 은행 골드뱅킹 계좌 수 및
골드바 판매 현황**

2025년 월별
주요은행 골드뱅킹
계좌 수 / 잔액

출처: 5대 은행(국민·신한·하나·우리·농협)

월별	계좌 수	잔액(억 원)
1월	275,424	8,353
2월	282,341	9,165
3월	285,621	10,264
4월	289,434	11,025
5월	291,537	10,616
6월	293,913	10,512
7월	296,593	10,803
8월	299,833	11,393
9월	309,260	14,171
10월	324,542	16,687
11월	325,848	16,929 (11월 7일 기준)

**2025년 5대 은행 골드바 누적 판매금액(11월 7일 기준)
총 6,018억 원**

는 자산 포트폴리오에서 금 비중 유지를 권했다. 미국 금리 인하 사이클 등 거시경제 환경을 고려할 때 안전자산인 금값이 더 오르지는 않을 것이라는 전망에서다.

최진명 KB국민은행 서울숲 PB센터 팀장은 "최근 금융시장 움직임을 보면 미국의 금리 인하 사이클이 2025년 12월과 내년으로 이어질지에 대한 우려가 나오고 있다"며 "당장 금 가격이 지금보다 더 높게 형성되기는 쉽지 않은 환경"이라고 설명했다. 최 팀장은 "미국 금융시장의 불확실성이 높아지는 상황에서 미 달러화를 대체할 수 있는 안전자산으로 금은 충분히 매력적"이라며 "그렇지만 미국 시장의 불확실성이 시간이 지나면 지금보다는 나아질 것으로 예상한다"고 부연했다. 미국 시장의 불확실성이 걷히면 다시 달러화에 대한 수요가 높아질 수 있기 때문에 금 가격이 더 높아지지 않을 수 있다는 분석이다. 최 팀장은 "그런 흐름으로 가게 된다면 안전자산으로서 달러의 가치가 다시 부각될 수 있다"며 "금리 인하로 인한 달러화 가치 하락은 금에 투자 매력도를 높이는 효과가 있지만, 반대로 달러의 가치가 다시 부각된다면 금 가격에 영향을 줄 수 있는 리스크도 있다"고 말했다.

포트폴리오 관리 차원에서 전략적 유지가 현명하다는 의견도 나왔다. 김은강 신한은행 프리미어 PWM 일산센터 PB팀장은 "미국 금리 인하 기대와 달러화 약세 조짐이 맞물리며 금 가격이 기록적인 상승세를 보이고 있다"며 "내년 상반기 금 투자는 확대보다 전략적 유지가 현명하다"고 추천했다. 김 팀장은 "글로벌 금융시장이 통화정책 완화 전환기와 지정학적 리스크가 동시에 전개되는 불확실성 구간에 들어섰다. 이 환경에서 금은 여전히 안전자산의 역할을 하지만 비중을 과도하게 높이는 것은 효율적이지 않다"고 조언했다.

포트폴리오 10% 안팎에서 투자 유지

김성희 NH농협은행 WM전문위원은 금 가격 상승세에 대해 "지난 8월 잭슨홀 미팅 이후 미국 연방준비제도(Fed) 인사들의 비둘기파(통화 완화 선호)적 발언이 나오면서 달러 가치가 하락하고 금리 인하 사이클 재개에 대한 기대가 금 가격 상승의 주요 원동력이 됐다. 채권 보유 비중이 큰 각국의 중앙은행이 실질금리(명목금리-기대 인플레이션)가 하락할 것이라는 예측에 대비해 미국 국채 대신

무이자 자산인 금 보유 비중을 늘리며 매수세가 견고하게 이어진 것에 영향을 미쳤다"고 짚었다. 이어 "최근 미국 셧다운 장기화, AI 버블 논란으로 인한 글로벌 금융시장의 불확실성 증대로 위험자산 회피 심리가 강화돼 금 가격을 지지하고 있다"며 "셧다운 리스크 해소와 연말 산타랠리 등 시장의 위험 선호 심리 회복이 가시화될 경우 금 가격의 단기적인 하락 압력이 확대될 수 있다"고 설명했다.

일각에서는 2026년 상반기 금 가격이 더 큰 폭으로 조정될 것이라는 전망도 나왔다. 우리은행 WM그룹 관계자는 "2025년에 비해 2026년은 금 투자 환경이 상대적으로 약해질 것"이라며 "미 연준의 금리인하가 점진적으로 일단락되고 미국 경제성장과 금리 격차 등을 고려할 때 달러화 수요가 늘면서 달러가 점진적 강세로 전환할 것"이라고 내다봤다. 또한 "2025년 대비 2026년 물가상승률이 둔화해 인플레이션 헤지 기대가 약해지고, 중앙은행의 금 매입이 가격 부담으로 둔화되는 것" 역시 금 가격 하락 요인으로 봤다.

이 같은 거시경제 환경을 고려할 때 전문가들은 10~20% 안에서 금 투자를 유지하는 전략을 추천했다. 김은강 PB팀장은 "내년 상반기 금 비중을 과도하게 높이는 것은 효율적이지 않다"며 "전체 자산의 5~10% 수준을 적정 비중으로 보고, 15~20%를 넘는다면 점진적 축소가 바람직하다"고 했다. 최진명 팀장 또한 "전체 포트폴리오에서 금 투자는 10% 내외를 추천한다"고 말했다. 하나은행 WM전문가는 "글로벌 주식과 채권 등 폭넓게 분산된 포트폴리오를 전제한다면 금 비중은 10~20% 정도가 적절하다"며 "아주 길게 투자하거나 주식만으로 구성된 공격형 포트폴리오의 경우에는 20~30%까지도 괜찮다"고 조언했다.

은행 골드뱅킹에서 ETF까지, 장기전을 대비하는 금 투자

구체적인 투자 방법으로는 한국거래소(KRX)를 통한 금 현물 투자, 은행 골드뱅킹 등을 추천했다.

최진명 팀장은 "KRX에서 거래되는 금은 투자자가 원하면 실물 수령이 가능하고 가격 상승 시 매매차익이 비과세된다는 장점이 있다"며 "실물수령을 하는 경우 매입 시점의 가격에 부가세가 일부 부과된다는 점을 참고해야 한다"고 말했다. 하나은행 관계자는 "거래소에서 거래 중인 금 현물을 1g 단위로 매수해 운용하는 신탁 상품인 금 현물 신탁의 경우 실물 금, 금 ETF, 금 통장과 비교해 저렴한 비용으로 투자가 가능하고 매매차익 비과세로 절세효과가 있다"며 "다만 매수 신청 다음 날 매수가 되고 실물 출고가 불가능하다는 점은 유의해야 한다"고 했다.

김은강 팀장은 또한 KRX 금 현물이나 국내 금 ETF 활용이 세제상 유리하다고 했다. KRX 금 현물은 증권사를 통해 주식처럼 사고팔 수 있다. 매매차익에 대한 세금이 없다는 것도 장점이다. 금 ETF는 유동성·접근성이 높다. 김 팀장은 "국내 금 ETF는 환헤지 여부를 선택할 수 있어 유동성과 접근성이 모두 높다"면서 "다만 ETF의 경우 배당소득세가 부과될 수 있기 때문에 ISA, IRP 등 절세가 가능한 계좌를 통해 투자하는 것이 좋다"고 했다. 상장된 금 ETF는 금값 변동성에 빠른 대응이 가능하다는 특징도 있다.

은행 골드뱅킹은 금 투자 입문자들에게 좋은 선택지가 될 수 있다. 골드바 구입은 부가가치세 10%와 제조 유통 마진, 보관 비용 부담이 있어 국제 금 시세보다 더 비싸게 거래된다. 우리은행 WM그룹 관계자는 "골드뱅킹은 시중은행에서 손쉽게 개설이 가능하고 입출금 통장처럼 1g당 금 시세에 해당하는 돈을 입금하는 방식이라 입문자에게 적절하다"고 설명했다. 최진명 팀장은 "골드통장을 통해 금 선물에 투자하면 국제 금 시세를 그대로 반영하기 때문에 '김치 프리미엄' 같은 부수적인 가격이 적용되지 않는다는 장점이 있다"며 "다만 과세 표준은 고려해야 한다"고 안내했다.

전문가들은 금 투자는 '장기전'이라고 입을 모았다. 김은강 팀장은 "지정학적 리스크가 완전히 해소되지 않는 한 각국 중앙은행들의 금 매입은 이어질 것이고, 특히 신흥국 중앙은행들이 달러화 의존도를 줄이기 위한 자산 다변화 전략을 강화하고 있어 중장기적으로 금의 수요 기반이 탄탄하다"며 "내년 금 가격에 단기적 변동성이 있더라도 실질금리 하락과 달러 약세 현상 등을 고려하면 전통적인 안전자산으로서의 위상은 더욱 강화될 것"이라고 예상했다. 최진명 팀장 또한 "미국의 금리 인하 추세, 달러 약세의 수혜를 금이 누릴 가능성이 높아 큰 틀에서 금은 좋은 투자처"라고 설명했다.

이에 균형잡힌 포트폴리오와 리스크 관리 수단으로 전체 자산의 10% 내외 유지를 추천한다는 것이 전문가들의 공통적인 의견이었다. 김성희 농협은행 WM전문위원은 "연준의 추가 금리 인하 기대, 금 ETF로의 꾸준한 자금 유입, 중앙은행의 지속적인 매수세에 힘입어 장기적으로 금 가격 상승이 이어질 것"이라며 "전술적 헤지 수단 및 포트폴리오 변동성 관리 역할로 10~15% 수준을 추천한다"고 했다. 김은강 팀장은 "금은 단기 차익을 노리는 자산이 아니라 위험 분산을 위한 '보험 자산'"이라며 "내년 상반기에는 금 비중을 전략적으로 유지하면서, 포트폴리오상 주식·채권 등 다른 자산과의 균형을 통해 안정성과 수익성을 함께 확보하는 접근이 필요하다"고 강조했다.

03. 대출

규제에 줄어드는 주담대·전세대출

2026년 새해, 대출은 더 이상 '돈을 빌리는 기술'이 아닌 '부채를 설계하는 능력'이 되었다. 금리의 방향보다 중요한 건 상환 구조이며, 한도보다 핵심은 DSR이다. 이재명 정부가 들어선 이후 불과 반년 사이, 두 차례 대출 규제 패키지가 발표되면서 가계의 금융 패턴은 급격히 바뀌고 있다. 이른바 '6·27 대책'과 '10·15 대책'이다.

'대출 확대'에서 '대출 구조조정'으로

'6·27 대책'과 '10·15 대책'은 단순히 돈을 덜 빌리게 하는 규제가 아니다. 정부의 목표는 가계의 부채 구조를 바꾸는 것이다. 단기적으로는 과열된 주택 시장 수요를 눌러 가격 상승세를 꺾고, 중장기적으로는 소득 대비 부채 관리 체계를 정착시키겠다는 것이다. 다시 말해, '얼마나 빌리느냐'보다 '얼마나 안정적으로 갚을 수 있느냐'가 금융의 새 기준이 되고 있다.

이번 규제의 가장 상징적인 변화는 주택담보대출(주담대) 한도의 구조적 세분화다. 2025년 10월 16일부터 수도권과 규제지역에서는 주택가격별로 대출 한도가 달라졌다. 15억 원 이하 주택은 6억 원, 15억

~25억 원은 4억 원, 25억 원 초과는 2억 원까지만 가능하다. 동시에 스트레스금리 하한은 1.5%에서 3%로 올랐다. 금리가 실제로 내려가더라도 대출 한도는 계산상 더 줄어드는 구조가 된 것이다.

이러한 변화의 본질은 '대출을 덜 주는 것'이 아니라 '금리 환경이 완화돼도 부채 총량이 다시 팽창하지 않도록 제도적으로 차단한 것'이다. 정부는 이를 "시장금리 하락에 따른 풍선효과를 막기 위한 사전 대응"으로 설명한다. 이제 대출은 경기와 무관하게 일정 수준 이상으로 늘어나기 어렵다. 따라서 차주의 전략은 '대출 확대'가 아니라 '대출 구조조정'으로 이동하고 있다.

이번 조치는 주택 구입 자금뿐 아니라 전세자금까지 포괄한다. 그동안 DSR(총부채원리금상환비율) 산정에서 제외됐던 전세대출이 '이자상환분 기준으로 포함'되기 때문이다. 과거에는 전세대출을 활용해 '갭투자형 자금'을 조달하는 일이 흔했지만, 이제 1주택자가 수도권에서 전세를 얻을 경우 그 이자상환액이 DSR 계산에 반영된다. 예를 들어 연소득 5,000만 원인 차주가 2억 원의 전세대출을 받을 경우, DSR은 약 14%포인트 상승한다. 같은 소득에서 추가 대출을 받을 여력이 그만큼 줄어든다. 금융당국은 이를 "전세대출을 통한 갭투자 억제"로 해석하지만, 실수요자 입장에서는 '전세도 대출, 매매도 대출'인 상황이 현실이 됐다. 지방에 집이 있어도 서울 전세를 얻으려면 동일한 규제가 적용되므로, 사실상 전국 차원에서의 전세자금 총량 관리가 시작된 셈이다.

이제 전세대출은 단순한 주거비 조달 수단이 아니라, '부채 관리 변수'로 인식해야 한다. 특히 전세 재계약 시점과 주담대 만기 일정이 겹치면 DSR 여력이 일시적으로 소진될 수 있기 때문에, 대출 시점 조절이 중요하다. 2026년에는 '얼마를 빌릴까'보다 '언제 빌릴까'를 중심으로 대출 일정을 재배치하는 것이 새로운 전략이 될 것이다.

현재 대부분의 은행은 DSR 40%를 기준으로 개인 대출 가능액을 산정한다. 이는 '한 달 소득의 40%를 넘는 원리금 상환은 불가능하다'는 금융 안정 규칙이자, 향후 2~3년간 유지될 가능성이 높다. 이 규제를 이해하지 못하면 대출 한도 계산 자체가 의미 없다. 이제 재테크의 출발점은 '빚을 얼마나 줄일까'가 아니라 'DSR을 어떻게 확보할까'인 셈이다.

이 과정에서 가장 현실적인 방법은 신용대출 상환을 통한 DSR 확보다. 은행들은 한목소리로 주담대보다 DSR 반영 비중이 높은 신용대출부터 줄이는 것이 유리하다고 설명한다. 또 부부 합산이 아닌 개인 명의 중심으로 대출 구조를 나누면, 차주의 DSR이 분산돼 실질적인 대출 한도를 조금 더 확보할 수 있다. 은행권 관계자는 "지금은 대출을 줄이는 시기가 아니라 구조를 재설계할 때"라며 "신용대출을 미리 상환하거나 배우자 명의로 주담대를 분산하면 DSR 여력이 생긴다"고 말했다.

이재명 정부의 금융정책 방향은 명확하다. '대출 억제'가 아니라 '상환 가능성 중심의 금융 질서 확립'이다. 개인의 재무전략 역시 이에 맞춰 현금흐름 관리 중심으로 바꾸어야 한다. 모든 대출은 이자와 원금을 합친 연간 상환액이 소득의 40%를 넘지 않게 설계해야 한다. 변동금리 중심의 공격형 포트폴리오보다는 고정금리 기반의 예측 가능한 상환 구조를 짜는 것이 안정적이다.

설계하는 대출의 핵심 전략, DSR 관리

투자형 부동산보다 실거주 중심의 자산 포트폴리오를 구축하는 것이 유리하다. 규제지역의 LTV(주택담보인정비율)가 40%로 낮아진 만큼, 투자 목적의 레버리지는 사실상 막혔다. 대신 보금자리론, 디딤돌대출 등 정책 모기지를 활용하면 금리 부담을 낮추며 실수요 중심의 주거 이전이 가능하다. 이런 정책성 상품은 향후 대출 규제가 지속되더라도 정부가 유지할 가능성이 높다.

2026년의 또 다른 핵심 전략은 'DSR 분산'이다. 한 사람의 DSR 40% 규제는 절대적이지만, 가구 단위에서는 조정 가능성이 있다. 부부가 각각 소득이 있다면 차주를 나눠 대출을 분리하고, 대출 만기를 조정해 월 상환액을 낮추면 DSR을 확보할 수 있다. 대출 기간이 길어질수록 월 상환액이 줄어들어 DSR이 낮아지지만, 총 이자 비용은 늘어난다. 따라서 '현금흐름 안정 vs 총비용 절감' 사이의 균형을 잡는 것이 핵심이다. 전문가들은 "새해엔 대출 금액보다 대출 구조를 보는 시대"라며 "DSR 관리가 신용등급 유지와 금리 협상에서 결정적 역할을 한다"고 강조한다.

2026년은 금리 인하가 본격화될 가능성이 크다. 미국이 완화 기조로 전환하고 한국은행도 동조할 것으로 예상되지만, 스트레스금리 하한이 3%로 상향된 이상 대출 가능액이 자동 확대되지는 않는다. 금리 하락기에 대출을 재편하려면 단순한 '갈아타기'보다는 '리밸런싱(균형 조정)' 전략이 필요하다. 변동금리 대출을 보유한 차주는 중도상환수수료 면제 시점을 고려해 일부를 고정금리로 전환하면 향후 금리 변동 리스크를 줄일 수 있다. 여유 자금이 있다면 원금을 조기 상환하기보다 예금·MMF로 운용하며 금리 하락 속도를 관망하는 것도 합리적이다.

이런 개인의 움직임은 정부의 대출정책 기조와 궤를 같이한다. 이재명 정부는 이미 '선 조절, 후 공급'으로 정책 방향을 바꿨다. '6·27 대책'이 단기 과열 억제용이었다면, '10·15 대책'은 장기 구조조정의 시그널이라는 평가다. 금융당국은 단기적 거래 위축보다 부채 구조 개선을 우선시하고 있다. 금융권 관계자는 "가계대출 증가율이 둔화된 상황에서 이번 조치는 속도 조절 이상의 의미가 있다"며 "금리 인하 시점에도 부채가 폭증하지 않도록 하는 선제 방어의 성격이 강하다"고 말했다.

결국 2026 대출 전략의 본질은 '줄이는 대출'이 아니라 '설계하는 대출'이다. 정부의 규제는 단기적 부담처럼 보이지만, 장기적으로는 개인 재무 구조를 건강하게 만드는 계기가 된다. 대출 한도는 줄었지만 기회는 남아 있다. 현금흐름을 안정적으로 관리하고, 금리·만기·DSR

을 유기적으로 조정하는 사람만이 다음 금리 사이클의 수혜를 얻을 수 있다는 것이 핵심이다.

2026년 이후의 대출 시장은 단순한 '규제의 연속'이 아니라, 가계부채 구조개편의 전환점이 될 가능성이 높다. 금융당국은 이미 '총량 관리' 중심에서 '질적 관리' 중심으로 정책 축을 옮기고 있고, 은행권도 이에 맞춰 내부 심사체계를 재정비하고 있다.

DSR·LTV 규제가 고정된 대신, 개인의 상환 능력과 소득 구조를 정밀하게 평가하는 '정성적 심사'가 확대될 전망이다. 이른바 '맞춤형 여신시대'다. 차주별 금리 차별화, 대출 목적별 리스크 프리미엄 조정이 보편화되면, 금융소비자는 단순히 금리를 비교하는 것이 아니라 자신의 신용 구조를 관리해야 하는 시대가 될 것이라는 게 금융권의 일관된 목소리다.

'6·27 대책' vs '10·15 대책' 비교표

구분	6·27 대책 (2025년 6월)	10·15 대책 (2025년 10월)	주요 변화 요약
시행 배경	수도권 아파트 가격 급등, 거래 증가	금리 인하 기대감에 따른 '한강벨트' 집값 재상승	부분적 조정 → 전면적 관리 확대
주담대 한도	수도권·규제 지역 6억 원 일괄 적용	15억 이하 6억 / 15~25억 4억 / 25억 초과 2억	주택 가격별 차등화로 고가주택 정조준
스트레스금리 하한	1.5%	3.0%	금리 인하기에도 대출 한도 확대 차단
전세대출 DSR 반영	미적용	수도권·규제지역 1주택자부터 적용 (이자상환분 반영)	전세 통한 갭투자 차단
LTV (규제지역)	70%	40%	투기과열지구·조정 지역 지정 즉시 적용
비주택 LTV	70%	70%	허가 구역 내 아파트·주택 거래만 제한
은행권 주담대 위험가중치	15%	20% (시행 4월 → 1월로 앞당김)	자본적정성 관리 조기 강화
핵심 목표	단기 과열 진정, 매수 심리 차단	구조적 부채 관리, 상환 능력 중심 전환	대출 억제 → 대출 '질 관리'로 변화

04. 보험

세제 혜택 연금저축보험부터 노후보장 보험까지

은퇴 이후 생활 안정에 대한 관심이 커지고 있다. 올해 65세 이상 고령 인구 비중이 20.3%에 달하고 평균 기대수명이 83.7세에 이른다. 이에 따라 은퇴 후 의료비와 생활비 부족 문제에 대비하는 노후 자산 관리가 필수 과제로 부상하고 있다.

인구 고령화에 따라 최근 보험사들은 단순한 사망 보장을 넘어 보험금 유동화와 연금 기능 강화에 나서고 있다. 평균 수명 증가로, 의료비와 생활비 마련을 고민하는 이들이 많아졌기 때문이다. KB금융지주 경영연구소의 '2025 KB골든라이프 보고서'에 따르면, 노후 적정 생활비는 월 350만 원이지만, 조달 가능 생활비는 230만 원으로 집계됐다. 또 은퇴 이후 거주지 조건으로 의료시설 접근성을 최우선으로 삼는 등 건강 관리에 대한 높은 관심도 확인됐다.

은퇴 전후 현금 확보 '사망보험금 유동화'

은퇴 전후 현금 확보가 가능한 '사망보험금 유동화'가 주목받고 있다. 사망보험금의 최대 90%를 미리 수령할 수 있기 때문이다. 예를 들어 40세에 보험에 가입해 10년 동안 1,872만 원(월 15만

6,000원)을 납입하고, 사망보험금 1억 원을 받을 수 있는 보험 계약자가 '20년, 90% 유동화'를 선택하면 55세부터 납입 보험료의 164%인 3,060만 원을 받을 수 있다. 연 153만 원, 월 평균 12만 7,000원을 수령하는 셈이며, 향후 1,000만 원의 사망보험금도 수령 가능하다.

사망보험금 유동화 대상은 55세 이상 고령층으로 '금리 확정형 종신보험의 사망보험금(9억 원 이하), 보험료 납입 완료(계약기간 및 납입기간 10년 이상), 계약자와 피보험자 동일, 신청 시점에 보험계약대출 잔액이 없는 월적립식 계약'과 같이 4개 조건을 모두 충족해야 한다. 요건을 충족한 계약자는 유동화 도중 필요한 경우 중단 또는 조기 종료 신청도 가능하며 이후 재신청도 할 수 있다.

삼성생명·한화생명·교보생명·신한라이프·KB라이프 등 5개 생보사가 2025년 10월 1차로 사망보험금 유동화 상품을 출시한 가운데 향후 활용도가 높아질 전망이다. 2026년 1월까지 모든 생명보험사가 사망보험금 유동화 상품을 출시할 예정이며, 서비스형의 경우 유동화 금액을 헬스케어와 간병, 요양 등 서비스 이용에도 활용할 수 있도록 했다. 생명보험사들은 유동화 신청 전 시뮬레이션을 통해 소비자가 선택한 유동화 비율 및 기간에 따른 지급액 비교 결과도 제공 중이다.

장수 리스크 대비 '톤틴·저해지 연금보험'

2026년 초 출시를 목표로 보험사들이 상품 세부 서식과 전산을 준비 중인 톤틴·저해지 연금보험은 은퇴 후 안정적인 소득 확보

수단으로 기대를 모은다. 톤틴 연금보험은 사망 시 지급하는 보험금을 보험료 적립액의 현행 100%에서 최대 70%로 줄이는 대신, 생전 연금액은 보험료 적립액 이상을 지급하도록 설계된다. 이에 따라 일반 상품 대비 연금액이 38% 상승할 전망이다. 즉, 사망하기 전 연금보험을 유지하면 낸 보험료보다 더 많이 돌려받는 구조다.

인구 고령화로 노후 소득 보장 필요성이 증가하고 있지만, 국민연금 수급액은 부족한 상황이다. 지난 2022년 기준 노후 적정 생활비는 월 177만 원이었지만, 국민연금 월 평균 수급액은 58만 원으로 3분의 1 수준에 그쳤다. 선진국 대비 사적 연금시장 규모도 작다. 우리나라의 국내총생산(GDP) 대비 사적연금 적립액 비율은 28.5%로 미국 134.4%, 영국 104.5%를 크게 하회했다.

'비대면 전용 연금저축보험', 거동 불편 고령층 가입 가능

디지털 금융 확산으로 출시되고 있는 비대면 전용 연금저축보험은 거동이 불편한 고령층도 가입할 수 있다. 특히 오프라인 상품 대비 관리비를 절감한 보험사들이 더 많은 연금액을 제공하고 있다. 세액공제 혜택도 장점이다.

예를 들어 교보생명이 자사 애플리케이션(앱)에서 판매 중인 '교보e연금저축보험'은 시중금리에 연동하는 공시이율을 적용하는 금리연동형 상품으로, 안정적인 노후 준비와 세제 혜택을 동시에 제공한다. 보험료 운용 수익의 90%를 보험계약자에게 배당하는 유배당 상품이므로, 연금 수령 시 보험료 운용에 따른 추가 수익(배당금)도 얻을 수 있다.

교보e연금저축보험은 납입한 보험료에 대해 연간 600만 원까지 13.2%의 세액공제 혜택이 주어지며, 연간 총 급여액 5,500만 원 또는 종합소득 4,500만 원 이하라면 납입 보험료의 16.5%까지 공제된다. 또 매월 50만 원씩 납입할 경우, 연말정산이나 종합소득세 신고 시 소득 수준에 따라 79만 2,000원부터 최대 99만 원까지 환급받을 수 있다.

세제 혜택 집중되는 연말·연초 수요 급증 'IRP·종신보험'

연말·연초는 세제 혜택을 노린 금융상품 가입이 집중되는 시기다. 매년 이맘때가 되면 절세와 노후 대비를 동시에 챙기려는 소비자들이 몰리며 보험사들이 판매하는 개인형 퇴직연금(IRP)과 종신보험이 주목받는다.

IRP는 근로자·자영업자 구분 없이 누구나 가입할 수 있는 노후자금 마련용 계좌로, 연금저축과 합산해 연간 최대 700만 원까지 세액공제를 받을 수 있다. 연간 납입 금액의 13.2~16.5%가 세액공제되며, 연말정산을 통해 환급받는 금액이 수십만 원에 달할 수 있다. 납입액이 클수록 절세효과도 커, 연말마다 '13월의 월급'을 극대화하려는 직장인들의 관심이 집중된다.

특히 보험사형 IRP는 단순한 연금계좌를 넘어 보장 기능을 함께 제공한다. 일반적으로 은행이나 증권사의 IRP는 투자수단 중심이지만, 보험사의 IRP는 사망 시 수익금 또는 퇴직급여가 지정된 수혜자에게 지급되는 사망 보장 기능을 갖추고 있다. 이에 따라 예기치 못한 사고 발생 시에도 가족의 생활 안정에 도움을 준다. IRP는 해지 시에도 세제 혜택이 이어진다. 사망·질병 등 부득이한 사유로 중도 해지할 경우, 3.3~5.5% 수준의 연금소득세로 분리과세되어 일반 소득세율보다 부담이 낮다. 장기 유지 시 연금소득으로 수령할 수 있으며, 퇴직 후 안정적인 현금흐름 확보 수단으로 활용 가능하다.

종신보험도 절세형 자산관리 수단으로 꾸준한 인기를 얻고 있다. 근로소득자 기준 연간 100만 원 이내에서 12% 세액공제가 가능하며, 남아 있는 가족이 상속세 납부로 인해 부동산을 매각하는 등 현금유동성 문제에 빠지는 것을 방지한다. 상속세 납부에 필요한 자금을 일시금으로 지급해서다.

고령사회 맞춤형 '건강·암·치매보험' 주목

질병·상해로 인한 입원, 수술, 진단비를 폭넓게 보장하는 건강보험에 대한 관심도 높다. 최근에는 단순한 보장을 넘어 건강관리까지 결합한 형태로 진화하고 있다. 예를 들어 삼성생명 '삼성 웰에이징(Well-Aging) 건강보험'에 탑재된 '건강관리 서비스'는 문진, 스크래핑 등을 통한 분석 완료 시 유전자 검사 키트를 무료로 제공하며, 이를 기반으로 일대일 전담 건강코치도 제공한다.

국민 3명 중 1명이 암 진단을 받는 현실 속에서, 암보험은 치료 전 과정을 보장하는 형태로 변화하고 있다. 한화생명 'The 시그니처 암보험'은 암 수술, 항암 약물치료, 항암 방사선치료 등 주요 치료뿐만 아니라 원발암과 전이암을 구분하지 않고 진단 자금을 특약으로 지급한다. 또 표적항암약물과 비급여 표적항암약물, 특정 면역항암약물 치료 등의 보장 기간을 확대해 고액 치료 급부를 강화했다. 암 로봇 수술은 횟수 구분 없이 보험금을 지급한다.

초고령사회 진입으로 치매보험의 중요성이 커지고 있다. 보건복지부에 따르면 국내 치매 환자는 현재 97만 명 수준이며, 내년에는 100만 명을 넘어설 전망이다. 치매 전 단계인 경도인지장애 환자도 2025년 298만 명에서 2033년 400만 명에 이를 것으로 예상된다. 이에 보험업계는 단순 진단금 중심에서 벗어나 예방·관리 및 간병·실종 피해 보장 특약을 도입하고, 초기 인지저하와 경도 치매 진단 시 일부 보상을 제공하는 상품도 내놓고 있다.

보험업계는 향후 인공지능(AI)과 헬스케어를 결합한 상품이 노후 대비 시장의 핵심으로 부상할 것으로 보고 있다. 보험사들은 고객의 건강 데이터를 실시간으로 수집·분석해 맞춤형 관리 서비스를 제공할 예정이다. 예를 들어 웨어러블 기기 연동을 통해 혈압, 혈당, 심박수 등 주요 건강 지표를 모니터링하고, 일정 기간 이상 양호한 건강 상태를 유지하면 보험료 할인 등 추가 혜택을 제공할 수 있다.

05. 카드

합리적 소비도 재테크, 실속! 효율! 특화!

주식시장 호재 흐름에 연일 '큰돈' 소식이 오가지만, 일상에서는 소소한 절약의 가치가 여전히 중요하다. 요즘 소비자들은 무조건 아끼기보다는 '잘 쓰고 잘 돌려받는' 방식을 택한다. 이 때문에 투자 열기 속에서도 신용카드를 생활 재테크의 수단으로 바라보는 흐름이 확산되고 있다. 생활 속 할인과 포인트 적립에 강점을 가진 이른바 '혜자카드'가 여전히 인기 있는 이유다. 최근 카드 시장이 대중적인 가성비 카드보다는 프리미엄 카드 중심으로 재편되면서, 알짜배기 카드가 속속 단종되고 단종 전 발급 행렬도 이어지고 있다. 합리적 소비로 지출의 균형점을 찾는 소비자들을 위해 이데일리가 혜택 좋은 카드들을 실속형·효율형·특화형 세 가지 테마로 정리했다.

"티끌 모아 태산" 생활비 절약하는 '실속형' 카드

똑똑하게 신용카드를 사용하기 위해서는 어디에 가장 돈을 많이 쓰는지 확인할 필요가 있다. 식음료, 쇼핑, OTT, 주유 등 생활 영역에 강점을 둔 카드를 최대한 활용하기 위해서다. 공과금·교통비·통신비 등 고정 지출을 신용카드로 관리한다면 결제의 편리함과 할인 혜택을 모두 챙길 수 있다. 다만 전월 실적에 따라 할인 금액이 달라지기 때문에 지출 관리가 필요하다.

신한카드의 '디스카운트 플랜'은 이름에서도 알 수 있듯 전면적인 '디스카운트' 혜택을 제공한다. 매일 소비가 이뤄지는 식음료(F&B) 업종에서는 시간대별 할인 서비스가 대표적이다. 오전 7시부터 오후 3시 사이 낮 시간대에 자주 찾는 음식점·카페 업종에서 10% 할인 혜택을, 오후 6시부터 10시 사이에는 편의점·배달앱 이용 시 10% 할인 혜택을 제공한다. 매월 반복적으로 결제하는 공과금, 디지털 구독, 멤버십에도 할인 서비스가 적용된다. 아파트 관리비를 비롯해 도시가스, 전기요금, 통신요금 등 공과금 영역에서도 10% 할인 혜택을 받을 수 있다.

차량 보유자에게는 신한카드 'Deep Oil' 카드가 '혜자카드'로 소문이 났다. 선택 정유사에서 주유 시 10% 할인이 적용되고, 정비소·주차장에서도 10% 할인이 제공된다. 전월 실적 30만 원 이상 시 주유·생활 영역 합산 월 최대 1만 5,000원, 70만 원 이상 시 최대 3만 원까지 할인 가능하다.

삼성카드의 'iD SELECT'는 주 사용처에 맞춰 혜택을 선택할 수 있다. iD SELECT All 카드는 고정비 업종 선택 할인을 제공한다. 고객은 '아파트 관리비·통신요금 10%, 교육비 10%, 국내 전 가맹점 0.7% 할인' 중 하나를 선택해 혜택받을 수 있다. 생활 소비 업종도 음식점·편의점·할인점·주유 7%, 온라인쇼핑·배달앱·병원·약국 7% 중 한 가지를 선택할 수 있다.

쇼핑을 즐긴다면 'iD SELECT On' 카드를 고려해볼 만하다. 외식 5%, 온라인패션·쇼핑몰 5% 할인 혜택 중 하나를 선택할 경우, 주중에는 5%, 금요일부터 일요일까지는 10% 할인을 받을 수 있다. 온라인 소비에 집중하는 고객은 온라인 간편결제 1% 할인 선택 옵션을 선택할 수 있다.

KB국민카드의 '마이 위시 플러스' 신용카드는 통신·편의점, 주차·세차 등 생활 전반에서 10% 할인을 제공한다. SK텔레콤, KT, LG U+ 등 3대 이동통신사뿐 아니라 국민은행이 운영하는 알뜰폰 통신사 Liiv M의 자동납부 요금에도 10% 혜택이 적용된다. 넷플릭스, 유튜브, 웨이브, 티빙, 디즈니플러스 등 요즘 많이 사용하는 OTT 구독 서비스에는 30% 할인 혜택이 제공된다. 주차장 및 세차장 업종에서도 10% 할인이 적용된다.

"복잡한 건 딱 싫어" 어디서나 할인되는 '효율형' 카드

전월 실적 관리도, 포인트 적립도 복잡하다고 생각하는 소비자라면, 쓸수록 복잡해지는 혜택 대신 '어디든 할인'을 제공하는 무실적 카드가 대안이 될 수 있다. 전월 실적 조건 없이 모든 결제금액의 일정 비율을 할인해주는 카드로, 따로 관리하지 않아도 돼 마음 편한 재테크가 가능하다.

우리카드 '카드의 정석 I&U'는 전월 실적 조건이나 할인 한도 없이 국내 가맹점 어디든 0.7% 할인을 제공한다. 대중교통과 커피 전문점 이용 시 10% 청구할인을 진행한다.

BC카드의 '고트(GOAT)' 카드는 전월 실적이나 한도 없이 국내 1.5%, 해외 3%를 페이북 머니로 적립해준다. 또한 연간 카드 사용액이 3,000만 원 이상일 경우 적립받았던 페이북 머니의 10%를 추가 적립받을 수 있다.

결제에 대한 부담이 적다면, 롯데카드의 '디지로카 런던' 카드를 십분 활용할 수 있다. 기본적으로 국내 모든 가맹점과 해외 모든 이용금액의 0.7%를 캐시백해 주고, 일시불 이용 후 6일 이내 즉시 결제 시 1%를 추가 캐시백해 준다. '즉시 결제'란 카드결제일 전 이용대금을 미리 내는 것을 말한다. 일주일 동안 이용한 금액을 다음 주에 자동 출금해 주는 '위클리(Weekly) 자동결제' 서비스를 이용해도 1% 추가 캐시백 혜택이 제공된다. 여기에 일시불 이용금액을 최대 6개월까지 수수료 없이 나누어 납부할 수 있는 'LOCA 나누기 혜택'도 포함됐다.

"이런 카드는 처음이지?" 차별화 혜택 내세운 '특화형' 카드

카드 업권의 경쟁이 더욱 치열해지는 가운데, 카드사들은 자사의 특별한 혜택을 내세운 카드를 선보이고 있다. 특히 여행·소비 문화가 다시 살아나면서, 카드사가 제공하는 공항 라운지·호텔 할인 서비스 이용은 여행객의 '필수' 문화로 자리 잡았다.

롯데카드의 '디지로카 라스베이거스'는 이용 금액이 커질수록 할인율이 커져 이따금 발생하는 큰 지출 시 사용하기 좋다. 국내외 가맹점에서 건당 결제 금액이 10만 원 미만인 경우 0.5%, 10만 원 이상 30만 원 미만인 경우 1%, 30만 원 이상 50만 원 미만인 경우 1.5%, 50만 원 이상일 경우 2% 할인 혜택을 제공한다. 월 통합 할인 한도는 10만 원이다. 카드의 모든 혜택은 실적 조건 없이 제공된다.

해외 여행을 준비하는 사람들은 한 번쯤 하나카드 '트래블로그'를 들어봤을 것이다. 하나카드의 '원더카드 2.0'은 트래블로그 카드의 외화 결제 서비스를 담아, 별도의 트래블로그 카드 신청 없이 해외에서 수수료 없는 결제가 가능한 '트래블로그 스위치' 서비스를 제공한다. 또 통신업계에서 보편화된 가족이 함께 쓰면 혜택이 더해지는 '가족 결합 혜택'도 도입했다. 본인 카드와 가족 카드별 실적에 따라서 월 1회 가족 카드당 1만 원 캐시백과 연 1회 본인 카드 연회비 지원금 1만 원 캐시백을 제공한다.

현대카드는 프리미엄 카드보다는 낮은 연회비로 유사한 혜택을 누릴 수 있는 '부티크' 라인을 선보였다. 호텔·여행·외식 업종에서 5만 원 이상 결제 시 5만 원을 할인받거나, 7만 M포인트로 교환할 수 있는 '크레딧' 혜택과 공항 라운지, 발레파킹 무료 이용 혜택을 제공한다. '크레딧'은 호텔·여행·외식 업종 중 회원이 선택한 업종에서 사용할 수 있는 할인권으로, 카드 결제 시 크레딧 사용 의사를 밝히지 않더라도 자동으로 사용된다. 크레딧은 매년 5만 원이 지급된다. 국내외 모든 가맹점에서 결제 금액의 1.5%를 M포인트로 한도 없이 적립받을 수 있다.

구분	특징	종류	혜택
실속형	생활 할인	신한카드 디스카운트 플랜	식음료 시간대별 할인 공과금, 디지털 구독 할인
		신한카드 Deep Oil	주유 10% 할인 정비소·주차장 10% 할인
		삼성카드 iD SELECT All/On	All - 고정비 업종 선택 10% 할인 On - 외식·온라인 쇼핑 5% 할인
		KB국민카드 마이 위시 플러스	통신비 10% 할인 OTT 구독 30% 할인
효율형	무실적 카드	우리카드 카드의 정석 I&U	국내 가맹점 0.7% 할인
		BC카드 GOAT	국내 1.5%, 해외 3% 페이북 머니 적립
		롯데카드 디지로카 런던	국내외 가맹점 이용 금액 0.7% 캐시백 일시불 즉시 결제 시 1% 추가 결제
특화형	다양한 기능	롯데카드 디지로카 라스베이거스	이용 금액 커질수록 할인율 증가 10만 원 미만 0.5% / 10~30만 원 1%/ 30~50만 원 1.5% / 50만 원 이상 2%
		하나카드 원더카드 2.0	해외 이용 수수료 없이 결제 가족 결합 혜택으로 캐시백 할인 제공
		현대카드 부띠끄	매년 5만 원 크레딧 지급 국내외 가맹점 결제 금액 1.5% M포인트 적립

06.
고액 자산가 전유물은 옛말!
절세·수익률 쏠쏠, 채권 투자

소수 고액 자산가들의 전유물이었던 채권 직접 투자가 폭풍 성장세를 보이며 자산관리 수단의 한 축으로 견고하게 자리 잡은 모양새다. 지난 2022년 이후, 개인들의 채권 매수 규모는 조(兆) 단위로 성장했다. 2024년 말에는 42조 원으로, 불과 3년여 만에 10배가 증가했다. 이후 2025년 상반기, 개인 투자자의 국내 장외채권 순매수 규모는 17조 6,338억 원으로 전년 동월 23조 2,014억 원 대비 24% 감소한 것으로 나타났다. 하지만 2025년 순매수 규모가 조정 국면에 접어든 상황에서도, 절대적인 기준금리 인하 폭에 대한 기대치가 낮아진 점을 고려하면 개인투자자들의 채권 매수세는 여전히 견고해 보인다. 이에 그 배경에 이목이 쏠리고 있다.

고액 자산가들의 전유물에서 자산관리 수단으로

한국은행 기준금리가 3.50%로 고점을 찍은 이후 2024년 10월부터 기준금리 인하 기조가 시작되었다. 현재 2.5%까지 하락한 상태로, 추가 인하에 따른 기대수익률이 높지 않은 점이 개인투자자들이 매수세를 유지하는 일차적 배경으로 꼽힌다. 동시에 시중 유동성과 물가상승률을 고려하면, 과거처럼 초저금리보다는 '중저금리' 수준이 뉴노멀이 될 것이란 인식도 확산되고 있다. 이에 순매수 규모의 감소는 기존 투자자들의 차익 실현과 더불어 한국은행의 기준금리 추가 인하 기대치가 낮아졌기 때문이라는 분석이다.

이 같은 상황에서 개인투자자들은 7월(2조 4,129억 원), 8월(3조 2,525억 원)에도 여전히 자금을 채권시장에 투입하고 있다. 이러한 배경에는 '저쿠폰 채권'에 대한 수요가 자리 잡고 있기 때문이라는 것이 증권업계의 전언이다. '저쿠폰 채권'은 표면금리가 낮은 채권을 일컫는 말이다. 매매차익과 함께 절세 효과를 기대할 수 있어 자산가들을 중심으로 인기를 끌고 있는 금융상품이다.

과거 2019~2021년 1%대 저금리 시절 발행했던 30년물 국고채의 경우 표면금리는 1%대에 불과하지만, 금리 상승기 채권 가격 하락으로 인해 저가 매력이 부상했다. 채권금리와 가격은 정반대로 움직인다. 기준금리 하락이 막바지에 다다랐다는 인식이 확산되면 저쿠폰 채권의 매력도 떨어진다. 그러나 경기 하강 우려가 높아 추가 인하 기대감이 지속되는 상황과 더불어 절세 상품으로 매력이 높다는 점에서 자산가들의 수요도 이어지고 있다는 설명이다.

국내에서는 1년간 2,000만 원을 초과하는 이자와 배당소득에 대해 금융소득 종합과세를 부과하는데, 저쿠폰 채권은 이자가 낮아 세 부담이 적고 채권 직접 투자로 발생한 자본차익도 비과세 대상이다.

개인의 국내 채권 순매수 추이
(자료 : 금융투자협회)

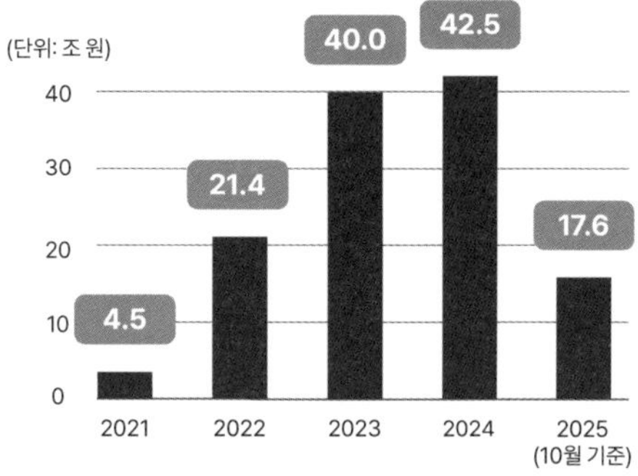

미국채 수요 폭발, 국채 청약도 인기

국고채 외에도 미국 연방준비제도(Fed)의 기준금리 인하 기대가 커지면서 미국채에 대한 수요도 몰리고 있다. 실제 연준의 기준금리 인하 사이클이 2025년 9월부터 개시될 것이란 기대감에 개인들의 미국채 투자가 급등한 것으로 나타났다.

한국예탁결제원에 따르면 2025년 8월 말까지 1~8월 누적 기준 개인들의 미국채권 보관 금액은 215억 5,691달러로 집계됐다. 전년 동기 대비 90.7% 증가한 수치다. 같은 기간 미국 주식 보관 잔액이 19.2% 증가에 그친 것과 비교하면 주식보다 채권으로 눈을 돌리고 있는 개인들이 늘어나고 있는 것으로 해석된다.

보관 금액은 국내 투자자가 예탁원을 통해 보유하고 있는 미국 채권의 총 잔액으로, 2011년 집계 시작 이후 연간 기준 최대 규모를 경신했다. 지난해 말 113억 166만 달러에 불과했던 미국 채권 보관 금액은 연준의 기준금리 인하가 기정사실화된 8월부터 가팔라지면서 한 달 새 8%나 증가했다.

국내 투자자 美 주식·채권 증가율
(2025년 1~8월 누적액 기준, 전년 동기 대비 증가율)
자료 : 한국예탁결제원

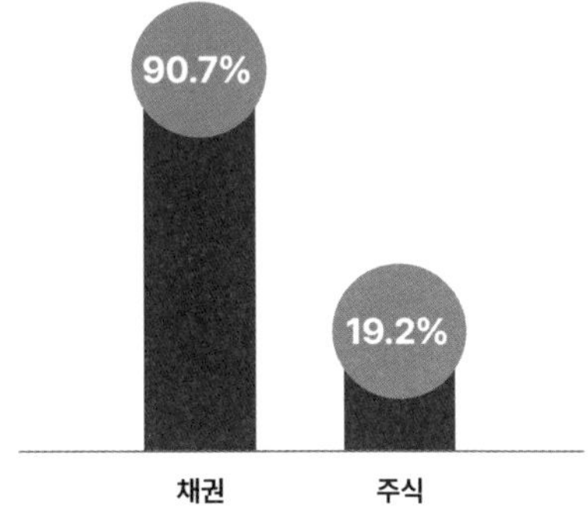

은행 예금금리가 낮아지자 개인 투자용 국채도 대안 투자처로 부상하고 있다. 개인 투자용 국채는 안정적인 원리금 보장, 만기 보유 시 복리 이자, 가산금리, 분리과세 등이 장점이다. 국채는 국가에서 보장하는 만큼 원리금 상환이 확실하고, 세후 투자수익이 구체적으로 예측된다. 미래에셋증권의 설문 조사에 따르면 개인 투자용 국채의 투자 매력으로는 분리과세(42%)가 1위로 꼽혔다. 국채를 만기까지 보유하면 표면금리와 가산금리에 연 복리를 적용한 이자가 만기일에 일괄 지급된다. 이때 개인당 매입 한도 2억 원 이하의 국채 이자소득에 분리과세(14%)가 적용된다. 개인 투자용 국채의 또 다른 매력으로 안전형 상품(31%)이라는 점과 경쟁력 있는 금리(27%)가 꼽힌다.

은퇴를 준비해야 하는 4050세대가 노후 준비를 위해 개인 투자용 국채를 많이 사들였다. 5명 중 1명 이상이 은퇴가 임박하지 않은 40대(21.7%)로, 50대(39.3%)에 이어 일찍이 국채 투자로 노후 준비를 서두른 것으로 나타났다. 4050세대가 전체 투자자의 61%를 차지할 정도다.

미래에셋증권은 2024년 6월부터 개인 투자용 국채를 단독 판매하고 있다. 해당 설문 조사는 2025년 7월 24일~30일 개인 투자용 국채를 산 1,151명을 대상으로 진행했다.

한 증권사 리테일투자전략담당 임원은 "과거에는 고액 자산가들의 전유물이었던 채권 투자가 최근에는 1만 원 단위로도 거래가 가능해지면서 저변이 매우 폭넓게 확대됐다"며 "활발한 자본차익을 기대하는 투자자들의 경우 저쿠폰 채권이나 미국채에 주로 투자하고 있지만 분리과세를 고려하면 은행 이자 대비 수익률이 높은 확정적 국채에 투자하려는 수요도 몰리고 있다"고 말했다.

투자 목적에 따라 거래 전략 세분화해야

채권 투자의 거래 편의성이 크게 개선되면서 개인 투자자들의 채권거래가 급증하고 있지만, 투자 목적에 따라 차별화된 매매 전략이 필요하다.

개인이 채권에 투자할 수 있는 방법은 크게 세 가지다. 우선 '개인 투자용 국채'와 같은 신규 국채 상품을 청약을 통해 직접 매입하는 방법이다. 정부가 발행하는 개인 투자용 국채는 출시 1년간 누적 매수 금액 1조 6,130억 원을 기록하며 인기를 끌고 있다.

장기 가입 시, 복리 효과에 세제 혜택(분리과세)까지 받을 수 있어 고소득자에게 매력 높은 금융상품으로 꼽힌다. 만기 후에는 연금형 수령이나 일시 수령 등 다양한 활용도 가능하다.

만기까지 보유하면 원금과 복리로 적용된 이자를 일괄 지급받으며, 특정 조건에 따라 중도 환매도 가능하다. 그러나 중도 환매 시, 가산금리는 받지 못하고 표면금리만 받을 수 있는데다 분리과세 혜택도 없으니 유의해야 한다. 매월 청약 방식으로 모집·발행하며 미래에셋증권이 단독 판매 대행사다.

청약은 지점과 모바일트레이딩시스템(MTS Mobile Trading System) M-STOCK을 통해 가능하다. 전용계좌를 개설한 개인이면 누구나 청약이 가능하다. 투자 최소 금액은 10만 원이며, 연간 2억 원까지 구매할 수 있다.

다음으로는 증권사 지점을 직접 방문하지 않고, 모바일트레이딩시스템(MTS)이나 홈트레이딩시스템(HTS Home Trading System) 등 온라인 플랫폼을 통해 채권을 장내·장외에서 매수하는 방식이다. MTS·HTS의 '채권' 메뉴에 들어가면 '장내거래'와 '장외거래'로 구분되어 있다. 장내거래는 한국거래소(KRX Korea Exchange) 채권시장에서, 장외거래는 증권사의 자체 물량을 개인에게 판매하는 것을 말한다. 장외거래에 투자하기 쉬운 상품이 더 많으며 투자 시에는 채권의 만기, 금리, 매수단가, 표면금리를 확인해야 한다. 거래 가능한 최소 금액은 일반적으로 1만~10만 원 단위이다. 신용등급이 높은 안전 대형 국채부터 각종 회사채·금융채까지 선택할 수 있다. 안정성 위주라면 국채, 고금리를 노린다면 우량 회사채를 선택하는 것을 추천한다.

다만 장외거래는 환금성이 떨어질 수 있다는 점에 유의할 필요가 있다. 국채는 거래가 활발하지만 회사채는 부동산 거래와 마찬가지로 매수를 희망하는 거래 상대방이 존재해야 한다. 증권사는 중개 업무만 주로 하기 때문에 개인들이 매도하는 채권은 예외적인 경우가 아니면 사주지 않는 게 일반적이다. 이에 회사채에 투자하는 경우 중도에 유동성이 필요한 투자자라면 만기가 길지 않은 채권을 매수해 만기 보유하는 것을 추천한다.

마지막으로, 채권형 펀드나 상장지수펀드(ETF)도 개인들의 전통적인 채권 투자 수단 중 하나다. 펀드형 상품은 환금성이 높고 단기채 펀드의 경우 안정적 이자 수익을 얻을 수 있다. ETF는 1주 단위로도 거래할 수 있고, 주식처럼 손쉽게 사고팔 수 있다. 이 때문에 잠시 맡겨두는 초단기형 ETF의 순자산 규모가 대체로 높은 편이다.

채권 ETF, 자본차익에도 과세

주식형 ETF는 매매차익 비과세

그 외 ETF는 매매차익 과세

2,000만 원 초과 시 금융소득 종합과세

박모 씨(56세)는 지난해 1월 국고채 30년물에 투자하는 국내 상장지수펀드(ETF)를 4억 원어치 매수해 연말까지 보유했다. 금리 하락에 따른 자본차익을 기대하고 장기채를 매수한 박 씨는 작년 한 해 동안 이자(분배금)와 매매차익을 합쳐 3,000만 원의 수익을 거뒀다. 박 씨는 이미 예·적금 등 기타 금융소득으로 연 700만 원을 받고 있어 총 금융소득은 3,700만 원에 달했다. 박 씨는 금융소득 2,000만 원을 초과해 금융소득 종합과세 대상이 되어 소득세 신고서를 작성해야 했다.

국내 상장 채권 ETF에서 발생한 수익은 이자뿐만 아니라 매매차익에 대해서도 배당소득으로 과세된다. 2,000만 원 이하 부분에서는 15.4%(지방소득세 포함)가 원천징수되지만, 2,000만 원 초과분은 근로소득 등 다른 소득과 합산해 종합과세 대상이 되어 6~45%의 누진세율이 적용된다. 통상 개별 채권과 달리 채권 ETF는 이자에 해당하는 분배금에 대해서도 15.4%의 세금을, 도중에 팔아 얻는 매매차익 역시 세금이 부과된다. 국내 주식형 ETF는 매매차익이 발생해도 세금을 내지 않지만, 나머지 ETF는 매매차익에 대해 15.4%의 세율이 적용된다

채권형 ETF는 다양한 채권에 분산 투자할 수 있고, 주식처럼 손쉽게 사고 팔 수 있다. 또 만기가 정해진 개별 채권은 보유 기간에 따라 만기가 짧아지지만 채권 ETF는 듀레이션이 일정하게 유지된다는 점도 투자 매력 중 하나로 꼽힌다. 만기가 짧아지는 채권을 계속 교체 편입해 포트폴리오의 듀레이션을 일정하게 유지해 투자자가 기대한 위험 수준과 수익 기회가 계속 유지되는 것이다.

하지만 금융소득 종합과세 측면에서는 직접 채권 투자에 비해 불리할 수 있어 신중한 판단이 필요하다. 이에 전문가들은 "자칫 과세 위험이 있는 경우 개인종합자산관리계좌(ISA 계좌) 등 절세 방안을 잘 고려해야 한다"고 조언했다.

07.
안정적이고 꾸준하게,
중위험·중수익 상품의 모든 것

한미 증시가 동반 상승을 이어가며 랠리를 펼치고 있지만, 한편으로는 고점 논란과 함께 변동성 확대에 대한 우려도 커지고 있다. 시장의 불확실성이 커지면서 과도한 리스크를 피하고 꾸준하고 안정적인 수익을 이어가려는 투자자들 사이에서 '중위험·중수익' 상품에 대한 수요가 이어지고 있다.

목표수익률 달성 후 안전자산으로, '목표전환형' 설정액 두 배

KG제로인에 따르면, 2025년 3분기 말 목표전환형 펀드의 설정액은 2조 7,521억 원으로, 2024년 말(1조 1,125억 원) 대비 두 배 넘게 급증한 것으로 나타났다. 펀드 설정액은 펀드가 최초로 개설될 때부터 기준일까지 투자자들에게서 모은 금액의 총합으로, 투자자들이 그 펀드에 맡긴 돈의 총액으로 볼 수 있다. 2025년 들어 3분기 만에 설정액이 100% 넘게 증가한 것은 그만큼 목표전환형 펀드에 대한 투자자들의 관심이 커진 것을 의미한다. 같은 기간 목표전환형 펀드의 설정 수는 61개에서 91개로 늘어났다.

목표전환형 펀드는 사전에 설정한 목표수익률에 도달하면 투자 포트폴리오를 안전자산으로 자동 전환해 수익을 확정하는 펀드를 말한다. 대부분 펀드를 설정할 당시에는 목표수익률을 달성하기 위해 주식 비중을 일정 수준 이상 배분한다. 이후 수익률을 달성하면 주식 비중을 줄이고, 안전자산인 채권이나 머니마켓펀드(MMF) 등 안정적인 투자 자산을 늘리면서 손익 위험을 줄이는 구조다.

예금 이자나 고배당주의 배당수익률보다는 높으면서, 과도한 리스크 부담 없이 현실적인 수익률을 추구하며, 수익에 대한 적정선이 사전에 명확하게 제시되는 만큼 안정적인 성과를 추구하는 투자자에게 적합한 상품이다.

2025년에 설정된 전체 공모펀드 중 흥행 기록도 목표전환형 펀드에 돌아갔다. KCGI자산운용이 6월 모집했던 'KCGI코리아 목표전환형 펀드[채권혼합] 2호'에는 2,768억 원의 자금이 몰리며 전체 공모펀드 중 최대 규모를 기록했다. 이 펀드는 국채, 통안채, 우량 금융채와 회사채 등 신용등급 우량채권에 50% 이상을 투자하고, 국내 주식에 30% 이하를 투자해 안정성을 유지하면서 초과수익을 추구하는 펀드로, 목표수익률 6%를 달성할 경우 채권형으로 전환되는 구조로 설정됐다.

KCGI운용은 이 같은 흥행에 힘입어 'KCGI코리아 목표전환형 펀드[채권혼합] 3호'까지 출시하며, 해당 펀드 1~3호로만 4,675억 원의 자금을 모았다. KCGI운용 관계자는 "시중금리가 저금리 기조로 전환되면서 중위험·중수익을 추구하는 수요가 몰리며 인기를 끌었다"고 밝혔다.

'초분산' EMP펀드·안정적 분배금 커버드콜 ETF 수요 지속

상장지수펀드(ETF)를 골라 담아 투자하는 'EMP(ETF Managed Portfolio)' 펀드도 2025년 들어 설정액이 3,080억 원 넘

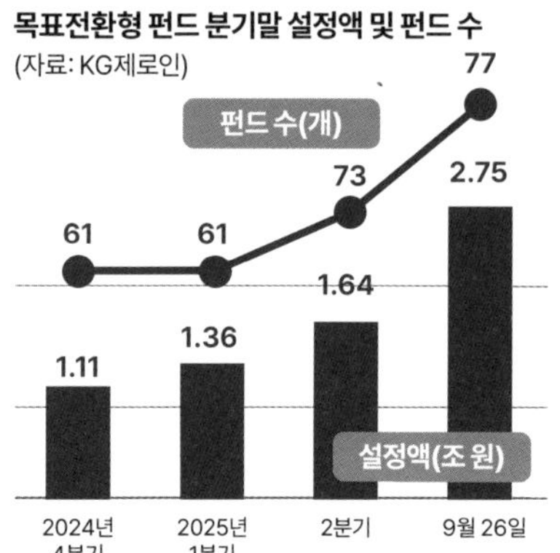

목표전환형 펀드 설정액 상위 10개 펀드
(자료: KG제로인)

순위	펀드명	설정액 (억 원)
1	브이아이 중국4차산업	741.11억 원
2	브이아이 국채 분할 매수&공모주	616.73억 원
3	대신미국장기국채 액티브	587.85억 원
4	신한미국장기국채	291.05억 원
5	KB 미국국채분할매수	277.92억 원
6	신한K리츠 인프라 공모주	235.74억 원
7	대신국고 10년분할 매매&AI 반도체	207.57억 원
8	브이아이 국채분할매수&공모주	201.50억 원
9	키움코스닥 Smartinvestor	201.06억 원
10	한국투자글로벌 M7스텝업 분할 매수	193.96억 원

2025년 9월 26일 기준

게 증가했다. 설정 펀드 수는 70개에서 77개로 늘어났다.

EMP펀드는 전체 자산의 절반 이상을 상장지수펀드(ETF)를 통해 투자하는 상품이다. 또한 특정 국가 증시나 특정 업종을 대상으로 분산 투자하는 ETF 여러 종목을 골라 묶은 EMP펀드는 단일 ETF보다 분산 효과가 더 크다. EMP펀드가 일명 '초분산 펀드'라고 불리는 이유다.

국내 EMP펀드 중 설정액이 1,963억 원으로 가장 큰 'IBK플레인바닐라EMP증권투자신탁(혼합-재간접형)' 펀드는 연초 이후 9.38% 수준의 수익률을 내고 있다. 고배당 인컴, 선진국 혁신성장기업, 성장성 높은 리딩 신흥국 ETF 시장에 분산 투자를 추구하는 이 펀드의 주요 편입 ETF를 보면 미국 중심의 글로벌 단기채권에 투자하는 '핌코 인핸스드 단기 액티브 ETF(MINT)', 미국 대표지수인 S&P500 지수와 나스닥지수를 추종하는 '뱅가드 S&P500 ETF(VOO)'와 '인베스코 QQQ 트러스트 시리즈1 ETF(QQQ)', 코스피200을 추종하는 'KODEX 200 ETF', 유로존 10개 선진국의 대형·중형주에 투자하는 '아이셰어즈 MSCI 유로존 ETF(EZU)' 등을 담고 있다.

한편 ETF 시장에서는 커버드콜 상품이 대표적인 중위험·중수익 전략 상품으로 꼽힌다. 커버드콜 ETF는 콜옵션 매도로 인한 옵션 프리미엄 수익과 기초주식·지수의 성과를 결합한 구조다. 콜옵션 매도로 상승장에서는 수익이 일부 제한되지만, 변동장에서는 하방 위험을 줄일 수 있다. 안정적으로 분배금을 받을 수 있다는 매력이 부각되면서 국내 상장 커버드콜 ETF의 수는 2024년 말 34개에서 48개까지 1년도 안 되는 사이 40% 넘게 증가했다. 금융투자업계 관계자는 "과도한 분배율을 제시하는 상품은 결국 기초자산의 성장을 훼손하면서 이를 분배금으로 돌려주는 '조삼모사'가 될 수 있는 만큼, 기초자산의 성장성 수준에서 적정 분배의 균형점을 찾는 것이 중요하다"고 밝혔다.

급등 뒤엔 급락 공포, 진화하는 '손실 방어' 펀드·ETF

주식시장의 변동성이 커질수록 투자자들의 손은 쉽게 떨린다. 이에 금융사들은 마이너스 수익률의 공포를 완화하기 위해 손실을 방어해 주는 ETF와 펀드 상품을 내놓으며, '중위험·중수익'을 추구하는 투자자들의 수요를 공략하고 있다. '수익은 제한적이지만 손실은 줄인다'는 콘셉트의 투자 전략이 불확실성 시대의 새로운 투자 해법으로 자리 잡는 분위기다.

2025년 10월 금융투자업계에 따르면 최근 한국투자증권은 손익차등형 펀드인 '한국투자 한미핵심성장포커스'가 1,194억 원 규모의 모집 설정을 완료했다고 밝혔다. 또한 손익차등형 공모펀드 '한국밸류 라이프 V파워공모펀드'는 비슷한 시기에 약 1,012억 원을 모집했다. 이는 안정적 수익을 추구하면서 손실에 민감한 투자자 성향이 반영된 결과다.

손익차등형 펀드는 일반 투자자를 선순위로 두고, 운용사 등 기관투자자가 후순위로 참여해 손실을 먼저 떠안는 구조다. 선순위 투자자는 일정 구간까지 손실을 방어받는 대신 수익률은 제한되며, 후순위 투자자는 위험을 부담하는 대신 더 높은 수익을 추구할 수 있다. 불확실성이 커진 시장 환경 속에서 '중위험·중수익'을 원하는 투자자들의 관심을 끄는 상품이다.

예컨대 최근에 설정을 완료한 '한국밸류 라이프 V파워공모펀드'는 펀드 손실이 발생하더라도 -15%까지는 후순위 투자자(한국투자금융지주 등)가 먼저 손실을 반영한다. 즉 15% 하락까지는 일반투자자가 직접 부담하는 손실은 0%인 셈이다. 이익이 발생하면 각 사모펀드 수익의 10%까지 선순위와 후순위 투자자가 85대 15 비율로 배분하고, 10%를 초과하는 이익은 60대 40 비율로 나눈다.

원금 손실 가능성을 제한한 상품은 ETF에도 있어 보다 손쉽게 거래할 수 있다. 삼성자산운용은 올해 'KODEX 미국S&P500 버퍼3월액티브'와 'KODEX 미국S&P500 버퍼6월액티브' 두 개의 '버퍼형 ETF' 를 출시했다. 3월 버퍼형 ETF는 S&P500지수 5,650선을 기준으로, 상장 당시 -10%대 수준인 5,075선까지 방어하며, 수익률 상단을 의미하는 캡 수준은 16.4%인 6,575선이다. 6월 버퍼형 ETF의 버퍼 하단은 5,350선으로, 캡은 7,000선에 설정됐다. S&P500이 급락해 5,000선 부근까지 떨어진다고 해도 손실이 일정 부분 커버되는 셈이다.

키움운용도 올해 'KIWOOM 미국테크 100 월간 목표 헤지 액티브'를 선보였다. 기초자산과 풋옵션을 매수하는 '프로텍티브 풋' 전략을 활용하는데 핵심은 '헤지'에 있다. 키움운용에 따르면 해당 ETF는 주가 하락 시 평균 -3% 수준의 방어 효과가 있고, 상승 시에는 70% 이상의 시장 참여율을 추구한다.

이처럼 각 금융사는 '중위험·중수익'을 원하는 투자자들의 니즈를 겨냥해 손실 방어형 상품을 연달아 출시하고 있다. 트럼프 대통령의 정책 불확실성과 글로벌 경기 둔화 우려 속에서 관련 수요를 빠르게 포착한 것이다.

다만 손실 방어형 상품이라고 해서 완전하게 원금이 보장되는 것은 아니다. 상품별 방어 범위를 초과하는 낙폭이 발생하면 투자자도 손실을 피할 수 없다. 또한 구조가 복잡해 이해하기 어렵고, 강세장에서 수익 상단이 제한된다는 점은 단점으로 꼽힌다. 이에 업계에서는 투자 전 반드시 상품 설명서를 꼼꼼히 확인하고 자신의 투자 성향에 맞는지 따져보는 과정이 필요하다고 강조한다.

최근 주요 손실차등형 펀드 모집 완료액 규모
(자료: 금융투자업계)

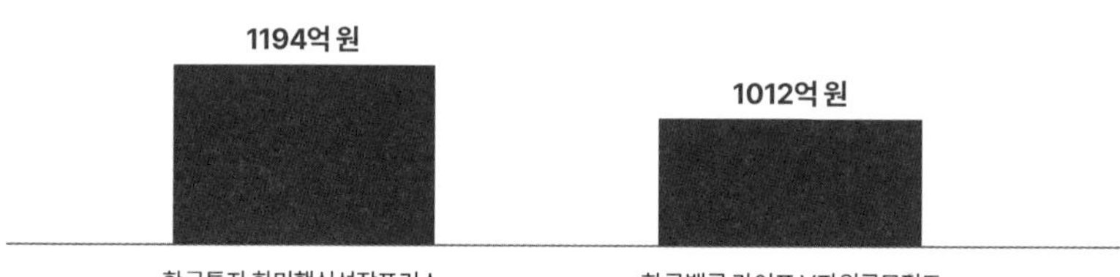

은행이자+α 추구, 퇴직연금 겨냥한 '디딤펀드'

일반 투자보다 원금 손실 회피 경향이 더욱 두드러지는 퇴직연금 시장에서는 안정성을 유지하면서도 은행 이자보다 높은 수익을 낼 수 있도록 설계된 '디딤펀드'가 출시 1년을 지나며 '중위험·중수익'을 찾는 투자자들의 호응을 얻어 안착하고 있다.

KG제로인에 따르면 2025년 3분기 말 디딤펀드 설정액은 2,299억 원으로 2024년 말(1,394억 원) 대비 약 65% 증가한 것으로 나타났다.

디딤펀드는 연기금과 공제회의 분산 투자 운용 방식과 유사한 자산 배분 전략을 활용하는 밸런스드펀드(BF)의 하나로, 금융투자협회가 퇴직연금의 수익률을 끌어올리기 위해 25개 자산운용사의 공동 브랜드로 2024년 9월 출시한 상품이다.

400조 원이 넘는 퇴직연금 가운데 80% 이상이 여전히 원리금보장 상품에 머무는 이유는 퇴직연금을 '최후의 보루'로 여기며 원금을 잃어서는 안 된다는 생각이 강하기 때문이다. 한국경영자총협회의 '2025 직장인 퇴직연금 인식 조사'에 따르면 응답자의 62.8%가 퇴직연금 적립금에 대해 '은퇴 후 인생을 위한 종잣돈으로 가능한 안정적으로 관리돼야 한다'고 답했다. '적립금 일부는 투자를 위한 여윳돈으로 사용할 수 있다'는 응답은 30.2%, '손실 위험에도 불구하고 높은 수익률을 위해 투자자금으로 적극 활용할 수 있다'는 응답은 7.0%에 그쳤다.

하지만 원리금보장 상품에 퇴직연금을 묶어둘 경우 물가 상승률을 따라가지 못해 오히려 노후 소득을 보장받지 못할 위험이 크다. 이에 금투협은 은행 예·적금 이자보다는 높은 수익률을 추구하면서도 주식·채권·대체자산 등 여러 자산에 분산 투자해 안정성을 확보하는 디딤펀드 출시를 주도했다.

자산 배분 펀드는 위험 분산과 수익률 최적화를 위해 시장 환경이나 운용사의 전략에 따라 자산 비중을 조정한다. 타겟데이트펀드(TDF)도 자산 배분 펀드의 한 종류로 볼 수 있지만, TDF는 연령과 은퇴 시점 등 생애주기에 맞춰 사전에 정해진 방식으로 포트폴리오를 조절한다는 것이 차이점이다.

2025년 들어 디딤펀드의 평균 수익률은 7.34%로 집계됐다. 이는 퇴직연금의 최근 5년 평균 수익률(작년 말 기준, 2.86%)을 크게 웃도는 수준이다. 25개 운용사 디딤펀드 가운데 수익률이 가장 높은 '대신 디딤 올라운드펀드'의 경우 같은 기간 무려 19.39%의 수익률을 냈다. 디딤펀드의 안정성과 양호한 수익성에 대한 인식이 확산되며 설정액도 꾸준하게 증가세를 이어가고 있다. 금투협 관계자는 "디딤펀드는 초장기 운용을 지향하는 펀드로, 운용성과를 차곡차곡 쌓아서 복리 효과를 누리는 것이 매우 중요하다"고 밝혔다.

08.
편안한 노후를 위한 연금 투자, 그 시작은?

"고객님, 퇴직연금 계좌에 전액 현금성 자산으로만 예치돼 있다는 사실 알고 계신가요?"

직장생활 10년 차인 30대 김모 씨는 얼마 전 한 증권사로부터 이 같은 안내 전화를 받았다. 재직 중인 회사가 퇴직연금을 확정기여(DC)형으로 운용해 매달 퇴직금이 입금되고 있다는 사실은 입금 알림 문자를 통해 알고 있었지만, 이를 어떻게 운용해야 하는지에 대해서는 생각해 본 적이 없다. 김 씨는 이제라도 연금 투자를 해보려고 하지만, 막막하기만 하다.

연금 투자, 어떻게 시작해야 할까?

'나이가 무기' 연금 투자, 하루라도 빨리 시작해야

개인연금과 같은 사적연금과 퇴직연금 자산이 2025년 말 기준 820조 원을 넘어서며 빠르게 증가하고 있지만, 김 씨처럼 연금 투자를 시작부터 어려워하는 이들이 적지 않다. 퇴직연금 적립금 중 펀드나 상장지수펀드(ETF)와 같은 실적배당형 상품 비중이 늘고는 있지만 여전히 원리금 보장형 비중이 82.4%에 달한다.

금융투자업계에서는 연금 투자는 적은 금액이라도 하루라도 일찍 시작하는 게 중요하다고 강조한다. 이는 복리 효과 때문이다. 연금의 경우 기본 10년 이상으로 장기 운용되고 연금계좌의 운용 수익은 인출 시점까지 과세가 유예돼, 세금이 재투자되는 만큼 복리 효과가 극대화된다.

이데일리가 미래에셋증권에 의뢰해 매월 50만 원씩 연금계좌에 납입(55세까지 납입, 기대수익률 6% 가정)할 때, 납입 개시 시점에 따라 60세 이후 매달 인출할 수 있는 금액이 얼마나 차이 나는지 시뮬레이션해 보았다. 그 결과, 복리 효과로 인한 차이가 명확하게 나타났다. 35세부터 납입한 경우, 60세부터 90세까지 한 달에 188만 원 가량을 인출할 수 있는 반면 이보다 10년 늦은 45세부터 납입한 경우에는 인출액이 67만 원 수준으로 대폭 줄어들었다. 50세부터 납입했다면 매월 인출 금액이 29만 원 수준에 불과했다.

보다 안정된 노후를 위한 연금 투자의 첫걸음은 투자자 본인에게 맞는 연금계좌를 선택하는 데서 시작된다. 정부는 사적연금을 독려하기 위해 연금계좌에 각종 세제 혜택을 주고 있다.

개인이 직접 운용할 수 있는 연금계좌는 확정기여(DC Defined Contribution)형 퇴직연금에 속한 개인별 퇴직연금 계좌와 IRP 개인형 퇴직연금 계좌, 그리고 연금저축으로 나뉜다. 근로자를 기준으로 보면, 회사가 퇴직금을 운용하는 확정급여(DB)형과 개인이 운용할 수 있는 확정기여(DC)형은 재직 중인 회사에 따라 나뉘고, 회사의 제도와 무관하게 개인이 추가로 IRP와 연금저축을 운용할 수 있는 셈이다.

투자 성향·중도 인출 가능성 고려해 연금계좌 선택

IRP 계좌는 근로자, 자영업자, 프리랜서 등 소득이 있는 누구나 가입할 수 있고 퇴직 시 받은 퇴직급여를 계속 적립·운용하는 방식으로도 활용할 수 있는 상품이다. 연금저축은 소득 유무와 관계없이 국내 거주자 누구나 가입할 수 있다. 연금저축은 저축보험에 연금 기능을 더해 최저보증금리를 보장하는 보험형 상품인 연금저축보험과 일반 증권계좌와 같이 ETF, 펀드 등에 투자할 수 있는 연금저축펀드로 나뉜다. 이때 가입자가 자금을 직접 운용하는 상품은 연금저축펀드이다.

연간 세액공제 한도는 IRP 계좌가 900만 원, 연금저축이 600만 원이다. 둘을 합산해 연말에 최대 900만 원까지 세액공제를 받을 수 있다. 연봉이 5,500만 원 이하인 사람이 900만 원을 꽉 채울 경우 연말에 148만 원(16.5%)을 환급받을 수 있다. 연봉이 5,500만 원을 초과하는 경우에는 13.2%의 세액공제율을 적용받는다.

세액공제와 별개로 사적연금에 납입할 수 있는 최대 금액은 연간 1,800만 원이다. 한도까지 납입 시, 세액공제를 받지 않은 금액은 인출 시 과세되지 않고, 연금계좌에서 발생하는 운용 수익도 5.5~3.3%

로 저율 과세된다. 일반계좌에서 이자 및 배당소득이 발생했을 때 15.4%가 과세되는 것에 비하면 세 부담이 낮다.

IRP 계좌와 연금저축은 각각 세액공제 한도뿐 아니라, 실적배당상품에 투자할 수 있는 한도와 투자 가능 상품에도 차이가 있다. IRP 계좌는 실적배당형 상품에 70%까지만 투자할 수 있는 반면, 펀드와 ETF 외 채권과 주가연계파생결합사채(ELB) 등도 담을 수 있다. 연금저축펀드는 실적배당형 자산에 100%까지 투자할 수 있지만, 투자 가능 상품은 펀드와 ETF, 상장 리츠, 적격 타겟데이트펀드(TDF)로 제한된다. 두 연금계좌 모두 가입 후 5년이 지나고, 만 55세 이상이 되어야 연금을 수령할 수 있다. 다만 IRP는 주택 구입 등 예외적인 사유를 제외하고는 원칙적으로 중도 인출이 금지되지만, 연금저축은 55세가 되기 전이라도 해지하지 않고 원금과 수익금을 세금 공제한 후 찾을 수 있다. 이처럼 투자 대상과 한도, 중도 인출 가능 여부 등에 차이가 있기 때문에 자신의 상황에 맞는 연금계좌를 선택하는 것이 중요하다. 금융투자업계 관계자는 "국민연금과 회사에서 받게 될 퇴직연금만으로는 편안한 노후를 즐기기에 부족하다고 판단된다면, IRP와 연금저축이 해결책"이라며 "특히 연금계좌는 55세부터 수령할 수 있기 때문에 퇴직연금과 함께 연금 공백기를 메우는 데 도움이 된다"고 밝혔다.

낮은 보수·쉬운 투자, 연금계좌에 담을 ETF

전문가들은 연금계좌로 노후 자산을 불릴 때 상장지수펀드(ETF) 활용을 권한다. 낮은 보수와 적은 거래 비용으로 장기 투자에 유리하고 투자 접근성도 높기 때문이다.

이데일리가 국내 ETF 업계 순자산 기준 상위 5개 운용사(삼성자산운용·미래에셋자산운용·한국투자신탁운용·KB자산운용·신한자산운용)로부터 연금계좌 투자에 적합한 ETF 상품을 각 3개씩 추천받았다.

美 대표지수·기술주 투자 상품 꼽혀

장기 투자가 이뤄지는 연금계좌에 담아가야 할 상품으로 미국 대표지수 상품이 가장 많은 추천을 받았다. 삼성운용과 미래운용 모두 S&P500 지수와 나스닥100 지수에 투자하는 ETF를 추천했다. 전 세계 경제를 선도하는 미국 기업 전반에 투자할 수 있다는 점이 추천 이유로 꼽혔다. 미래운용은 국내 증시 전반에 투자하는 'TIGER 200'도 추천했다. '코스피 5000 시대'를 기대한다면 연금계좌에 담을 만한 상품이라는 설명이다.

인공지능(AI)을 테마로 하는 ETF도 연금계좌 추천 상품으로 꼽혔다. 삼성운용은 AI 시대 글로벌 전력 수요 증가로 수혜가 예상되는 'KODEX 미국AI전력핵심인프라'를, KB운용은 미국 기업 중 AI 밸류체인별로 핵심 기업에 투자하는 'RISE 미국AI밸류체인TOP3Plus'를 추천했다.

빠르게 변화하는 미국 기술주 트렌드를 따라가는 ETF도 연금계좌 투자에 적합하다는 평가다. 한투운용은 AI 발전 단계와 흐름에 맞춰 차세대 리더 기업에 투자하는 'ACE 미국AI테크핵심산업액티브'를, 신한운용은 미국 중소형 성장주 가운데 빅테크로 성장할 잠재력을 가진 기업에 투자하는 'SOL 미국넥스트테크TOP10액티브'를 추천했다.

연금계좌에서 실질적인 주식 투자 비중을 늘리는 데 활용할 수 있는 채권혼합형 ETF도 주요 추천 종목으로 꼽혔다. 한투운용과 신한운용은 미국 대표 기업과 함께 채권에 투자하는 안전성 중심의 'ACE 미국나스닥100미국채혼합50액티브'와 'SOL 미국S&P500미국채혼합50'을 각각 추천했다. 위험자산 투자 비중이 70%로 제한되는 연금계좌에서 이 같은 채권혼합형 ETF를 활용하면 실질적인 주식 투자 비중을 85%까지 확대할 수 있다.

연금 인출 시기를 고려해 미국 배당주 등에 투자해 안정적인 현금 흐름을 만들 수 있는 상품도 추천됐다. KB운용은 미국 초우량 기업 중 향후 1년 예상 배당수익률이 높은 10개 기업에 투자하는 'RISE 미국고배당다우존스TOP10'을, 한투운용은 해외 상장 커버드콜 ETF와 미국 배당 퀄리티 구성 종목에 투자해 연 7%의 분배율을 추구하는 'ACE 미국배당퀄리티+커버드콜액티브'를 추천했다.

"수입도 없는데 건보료를 더 내라니" 은퇴자 절세법

지역가입자 전환 후 건보료 부담 늘어

이자·배당 노리려면 연금저축·IRP 추천

주택금융부채 공제 활용 시 부담 절감

피부양자·임의계속가입 제도 활용 유리

노후 생활비를 준비할 때 간과하는 비용 중 하나가 건강보험료다. 직장을 다닐 때는 건보료 절반을 회사가 부담하고 나머지 절반을 월급에서 공제하기 때문에 실감하지 못한다. 하지만 은퇴 후 별다른 소득이 없는 상황에서 매달 건보료를 따로 내야 한다면 부담일 수밖에 없다.

은퇴자는 기존 직장가입자 자격을 상실한 뒤 지역가입자로 건보료를 납부하게 된다. 직장가입자는 급여를 기준으로 건보료를 납부하지만, 지역가입자는 소득과 함께 보유한 재산에도 보험료가 부과되기 때문에 부담이 커질 수 있다.

건보료 부담을 낮추려면 재산을 줄이거나 소득을 조절해야 한다. 재산에 대한 건보료는 소유 부동산(주택·건물·토지)이 대표적이다. 무주택자의 경우 전·월세 금액으로 건보료를 산정한다. 종전에는 자동차도 산정 대상이었지만, 2025년 2월부터 건강보험법 시행령 개정에 따라 자동차에 대한 건보료는 부과되지 않는다.

부동산 공시가격 혹은 전·월세 기준금액이 6억 원 이하일 경우, 주택금융부채 공제를 활용할 수 있다. 이는 1세대 1주택자 또는 무주택자가 주택 구입 및 임차를 위해 대출받은 금액을 재산에서 공제해주는 제도다.

예금 이자나 주식 배당 등 금융소득이 1,000만 원을 넘지 않으면 건보료 산정에 영향을 미치지 않는다. 단, 999만 원은 건보료 부과 대상에서 제외

되지만, 1,000만 원에서 단 1만 원이라도 초과하면 전액인 1,001만 원이 부과 대상이 된다는 점에 유의해야 한다. 따라서 금융상품에 투자한다면 연금저축과 개인형 퇴직연금(IRP)을 활용하는 편이 바람직하다. 개인적으로 납입한 연금저축과 IRP는 건보료 부과 대상이 아니다.

은퇴 후 건보료 부담을 줄이는 가장 유리한 선택은 자녀 등 직장건강보험 가입자의 피부양자가 되는 것이다. 건보료를 내지 않으면서 건강보험 혜택은 고스란히 누릴 수 있다. 피부양자는 직장가입자의 배우자의 직계존속, 직계비속 및 그 배우자여야 한다.

피부양자가 되기 위해서는 소득 요건과 재산 요건을 갖춰야 한다. 소득 요건은 사업소득·이자소득·배당소득·근로소득·기타소득을 합산한 금액이 연간 2,000만 원을 넘으면 안 된다. 이때 연금소득은 국민연금·공무원연금·사학연금·군인연금과 같은 공적 연금소득을 말한다. 퇴직연금·개인연금 등 사적 연금소득은 해당하지 않는다.

재산 요건의 경우 토지와 건축물, 주택, 선박, 항공기 등 재산의 재산세 과세표준이 9억 원을 넘지 않아야 한다. 재산세 과세표준이 5억 4,000만 원 초과~9억 원 이하라면 연간 합산소득이 1,000만 원을 넘지 않아야 피부양자 자격을 유지할 수 있다.

형제나 자매의 건강보험에 피부양자로 등재되려면, 재산세 과세표준의 합이 1억 8,000만 원을 넘지 않아야 한다. 형제·자매는 미혼으로 65세 이상이거나 30세 미만인 자, 장애인, 국가 유공자 등에 해당해야 한다. 주택 기준으로 공시가격 3억 원이 넘는 재산을 가지고 있으면 피부양자 자격이 상실된다.

피부양자 조건을 충족하지 못한다면 건강보험 임의계속가입 제도를 활용할 수 있다. 최대 3년(36개월)간 과거 직장에서 부담했던 수준으로 건보료를 유지하는 제도다. 퇴직 후 최초로 지역가입자 보험료를 고지받은 납부기한으로부터 2개월이 지나기 전에 건강보험공단에 신청하면 된다. 신청 조건은 퇴직 전 18개월간 직장가입자 자격 유지 기간이 통상 1년 이상이어야 한다.

09.
'따블' 종목을 찾으려면 구조를 이해하라!
공모주 투자법 A-Z

"친구가 매번 공모주 청약으로 쏠쏠하게 '치킨값'을 번다길래 따라 했다가 상장 첫날 주가가 공모가 밑으로 떨어져 손실을 보고 그냥 팔아버렸어요. 상장할 땐 주가가 다 오른다는데 아닌가요? 공모주 투자하려면 뭘 봐야 하나요?"

갓 사회생활을 시작한 A씨(27)는 생애 첫 공모주 투자에서 쓴맛을 봤다. 주변에선 "IPO는 웬만하면 돈 번다"고 했지만, 막상 자신이 청약한 종목은 손실이었다. 비슷한 시기에 다른 종목에 청약한 친구는 '따블(공모가 대비 두 배)'을 기록하며 웃었다. 공모주는 누구나 참여할 수 있지만, 수익률 격차는 천차만별이다. 심지어 같은 섹터 내 종목 사이에서도 운명이 갈린다. 증권신고서에서 기본 정보 외에도 수요예측 경쟁률, 기관 확약비율, 유통 가능 물량 등을 꼼꼼히 살펴봐야 하는 이유다.

평균 시초가 수익률 66%? 공모가 하회 기업도

공모란 기업이 주식을 새로 발행해 일반 투자자에게 자금을 모집하는 절차다. 상장을 앞둔 기업은 자본 확충이나 지분 구조 개선, 연구개발 자금 마련 등을 위해 주식을 시장에 공개한다. 이 과정에서 기업가치를 평가해 '공모가'를 산정하는데, 주관사가 비교 기업의 밸류에이션과 성장성을 감안해 희망 공모가 밴드를 제시하고, 기관투자자들의 수요예측을 통해 최종 공모가가 확정된다.

기업은 공모 참여를 유도하기 위해 평가된 기업가치(밸류)에 일정 수준의 할인율을 적용한다. 일반적으로 할인율은 15~30% 수준에서 결정되며, 업종의 변동성이나 성장성, 시장 분위기에 따라 달라진다. 다만 이 공모가 산정 과정은 논란의 중심이 되기도 한다. 일부 기업들은 자신들의 기업가치를 높게 평가받기 위해 실제 사업 구조나 수익성과 동떨어진 기업을 비교기업(피어그룹)으로 선정하는 경우가 있다. 예를 들어 수익성이 전혀 다른 글로벌 대형사를 피어그룹으로 잡아 밸류를 높게 설정하는 식이다. 이렇게 되면 공모가가 실제 기업가치보다 높게 책정돼 '고평가 논란'이 불거진다. 언론에서 흔히 나오는 "시장 기대보다 비싸게 상장했다"는 표현이 바로 이런 맥락이다.

결국 공모가는 기업의 '희망가'와 투자자가 '수용 가능한 가격'이 절충된 결과다. 밴드 상단을 초과해 결정될수록 시장 기대감은 커지지만, 동시에 상장 후 주가 부담도 커진다. 공모가가 높게 책정될수록 단기 차익은 줄고, 상장 첫날 공모가를 밑도는 경우도 많다.

공모주에 투자하는 개인투자자들이 노리는 건 '시세차익'이다. 상장 당일 주가가 공모가보다 높게 형성되면 단기 차익이 발생한다. IR큐

더스에 따르면 2025년 10월 말까지 신규 상장 기업(재상장 및 스팩상장 제외)의 공모가 대비 시초가 상승률 평균은 약 66% 수준이었다. 전체 신규 상장 기업의 86%가 공모가를 상회하며 출발한다. 다만 종목별 편차는 크다. 특히 기관 확약비율이 높은 기업일수록 상장 후 낙폭이 작고, 유통물량이 많거나 밸류가 과도했던 기업은 상장 당일 급락하는 경향을 보인다.

'따따블' 가능해진 공모시장, 수익률 가르는 변수는?

공모주의 개념과 공모가 산정 등 이론적인 부분을 살펴봤으니 이제 공모주 투자 실전 단계로 넘어가 보자. 공모에 나서는 기업 정보를 확인할 수 있는 가장 기본적인 사이트가 금융감독원 전자공시시스템(DART)이다. 기업이 증권신고서를 제출하면 DART에서 바로 확인할 수 있다. 한국거래소의 기업공시 채널 'KIND'에서도 마찬가지로 공모 기업 정보를 확인할 수 있다. '38커뮤니케이션' 같은 투자 커뮤니티 사이트에서도 공모 일정 등 다양한 정보를 파악할 수 있다.

청약을 위해서는 주관증권사 계좌를 사전에 개설해야 한다. 어느 증권사 계좌를 언제까지 만들어야 하는지도 증권신고서에서 확인할 수 있다. 다만 직접 창구에 가지 않고 온라인에서 계좌를 개설하는 비대면 계좌 개설의 경우 한 달(20영업일)에 한 개 증권사에서만 만들 수 있어, 여러 공모주에 투자할 계획이라면 이 부분을 사전에 확인할 필요가 있다. 증권신고서에는 공모주에 대한 모든 기본 정보가 담겨 있다. 기업의 주요 사업 내용, 공모 방법과 일정, 자금 사용 목적, 투자위험 요인 등 핵심 항목을 반드시 살펴야 한다. 특히 '자금 사용 목적'은 향후 성장 방향을 가늠하는 단서가 된다. 신규 생산라인 구축이나 연구개발 확대 등 구체적인 계획이 있는 기업이 상대적으로 안정적이다. 반면 기존 차입금 상환에 대부분을 사용하는 기업은 성장 모멘텀을 기대하기 어려울 수 있다.

기본적인 기업 정보를 확인했다면 공모주 매력도를 판단할 수 있는 유통 가능 물량, 수요예측 경쟁률, 기관 확약비율 세 가지를 눈여겨볼 필요가 있다. 유통 가능 물량은 상장 직후 시장에 나올 수 있는 주식 비중으로, 적을수록 주가 하락 압력이 작다. 가령 최대주주가 상장하자마자 들고 있는 물량을 시장에 던져버린다면 주가 하락 압력으로 작용하게 된다. 일반적으로 25% 수준을 넘어서면 다소 높다고 평가한다. 다만 이러한 상황을 방지하기 위해 최근 거래소에서는 상장 전 주요 주주가 의무보유 기간을 확약하도록 유도하고 있다. 의무보유 기간은 1년에서 5년 내로 설정되며, 이 기간에는 해당 주주의 보유 물량이 시장에 풀리지 않는다.

기관 수요예측 경쟁률은 '얼마나 많은 기관이 공모에 참여했는가'를 보여주는 지표로, 시장 관심도를 가늠할 수 있다. 예를 들어 2025년 1~10월 신규 상장사 56개사 중 46개(82.14%)사가 수요예측 단계에서 공모가를 희망공모밴드 상단에서 확정했다.

특히 3분기만 놓고 보면 기관 수요예측을 거친 16개 기업 중 상단 초과 기업이 15개(93.8%)에 달했다. 여기서 상단을 초과하지 못한 기업은 그래피가 유일했는데, 그래피를 제외한 모든 종목이 상장 첫날 시가 수익률에서 플러스(+)를 기록했다. 3분기 공모가 대비 시가 상승률은 평균 71.5%를 기록했지만, 그래피는 시초가가 공모가를 20%대 하회했다. 다만 경쟁률이 높다고 무조건 성공하는 것은 아니다. 보다 중요한 건 기관 확약비율이다. 이는 기관이 일정 기간 주식을 팔지 않겠다고 약속한 비율로, 확약비율이 높고 확약 기간이 길수록 상장 후 단기 매도 압력이 줄고 가격 안정성이 높아진다. IPO 종목의 미래 성장성을 긍정적으로 평가하고 있다는 신호로 읽힌다.

'공모주 투자=필승' 공식이 깨지면서 전반적으로 공모주 투자 난이도가 높아진 모습이다. 지난 2023년 공모주 상장 첫날 가격 제한 폭이 공모가의 60~300%로 확대되면서 과거 공모가의 두 배로 시초가가 형성된 뒤 상한가(+30%)를 기록하는 '따상' 대신 '따블(공모가 대비 두 배 상승)'과 '따따블(공모가 대비 네 배 상승)'이 가능해졌다. 사실 '따상'이든 '따따블'이든 핵심은 같다. 확약비율·유통 가능 물량·공모가 밸류에이션 구조를 읽을 줄 아는 투자자만이 기회를 잡을 수 있다는 것이다.

IPO 시장, 단기 흥행서 '체질 개선'으로

2025년 하반기 들어 불기 시작한 주식시장 훈풍으로 공모주 시장에도 온기가 되살아나는 모습이다. 특히 공모시장에는 '체질 개선' 바람이 불고 있다. 7월 도입된 확약 우선배정제도가 시장에 빠르게 정착하면서, 단기 차익형 기업공개(IPO)보다 성장성과 안정성이 검증된 기업에 수요가 집중되는 모습이 나타나고 있다.

2025년 들어 10월 말까지 신규 상장(이전상장·스팩 제외)한 기업은 56곳이며, 누적 공모 규모는 약 3조 2,000억 원 수준이다. 이 기간 상장 기업의 평균 시초가 상승률은 66%였고, 전체의 86%가 공모가를 상회하는 시초가로 거래를 시작했다. 수요예측 경쟁률 1,000대 1 이상을 기록한 종목 비중도 48%로 전년 대비 소폭 늘며, 기관투자자의 참여 열기가 회복세를 보였다.

같은 해 7월부터 시행된 확약 우선배정제도는 기관의 확약비율이 높은 기업에 청약 물량을 우선 배정하는 방식이다. 이는 장기보유 중심의 선순환 구조를 만들기 위해 도입됐다. 시행 초기에는 규정 변화에 따른 관망세로 증권신고서 제출이 주춤했지만, 9월 에스투더블유와 10월 명인제약이 잇따라 흥행에 성공하면서 시장 우려가 불식됐다. 특히 명인제약의 경우 의무보유확약률이 62.1%에 달하며 제도 도입 후 첫 '장기보유 성공 사례'로 꼽힌다.

이후 10월 말 청약을 진행한 노타와 큐리오시스의 경우 각각 기관 의무보유 확약 비율이 59.75%, 67.6%에 달했다. IPO 제도 강화 이후 확약비율이 눈에 띄게 높아진 모습이다. 2026년부터는 주관사의 의무보유 확약 물량 비율이 기존 30%에서 40%로 상향 조정된다. 기관의 책임투자를 강화하고 시장 신뢰도를 높이려는 취지다. 다만 단기 유동성이 줄어드는 만큼 공모 흥행에는 부담 요인으로 작용할 수 있다. 그럼에도 전문가들은 전반적으로 내년 시장 전망을 '맑음'으로 본다. 최근 코스피가 사상 처음으로 4,000포인트를 넘어서는 등 증시 활황과 유동성 회복세가 이어지고 있고, 제도 정착과 함께 발행시장과 유통시장이 모두 긍정적인 흐름을 유지할 가능성이 높다는 평가다.

공모주 시장의 유동성 지표로 꼽히는 투자자예탁금과 증권사 종합자산관리계좌(CMA) 잔고는 2025년 10월 말 기준 각각 85조 4,569억 원, 96조 2,543억 원으로 집계됐다. 연일 사상 최고치를 기록하고 있는 투자자예탁금은 전년 동기(50조 5,866억 원) 대비 68.9% 증가한 수준이다. CMA 잔고도 같은 기간 10% 넘게 증가했다. 실제로 상반기 911.5대 1 수준이었던 일반청약 평균 경쟁률이 10월 말 1,243.6대 1 수준으로 뛰며 일반 투자자의 공모시장 참여 증가세도 뚜렷하게 나타났다. 케이뱅크, 무신사, 빗썸, 메가존클라우드 등 굵직한 대형 IPO들이 내년부터 줄줄이 대기 중이라는 점도 내년 공모시장에 대한 관심을 키우는 요인이다. 업계 관계자는 "7월 시행된 확약 우선배정제도가 빠르게 정착하면서 단기 차익형 IPO보다 성장성과 안정성이 검증된 기업에 수요가 집중되는 양상이 나타나고 있다"며 "풍부한 유동성 환경 속에서 유통시장이 활황인 만큼 발행시장도 긍정적 흐름을 이어갈 것으로 예상한다"고 전망했다.

10.
비트코인은 위험자산인가, 안전자산인가

시장이라는 거대한 욕조를 떠올려 보자. 중앙은행이 물, 즉 유동성을 틀면 가장 바닥에 있는 채권이 먼저, 그리고 그 위의 주식이 젖는다. 계속 물을 틀어대면 물은 흘러넘친다. 그제야 욕조 바깥에 있는 비트코인도 젖기 시작한다. 반대로 물이 빠지기 시작하면? 가장 먼저 마르는 것도 비트코인이다. 돈이 시장에 얼마나 풀렸느냐에 따라 비트코인 가격이 즉각 반응한다. 지금 비트코인은 '글로벌 유동성의 바로미터'다.

유동성으로 확인하는 비트코인의 정체성

먼저 밝힌다. 지금은 2025년 11월이다. 크립토 관련 글을 쓸 때는 반드시 시점을 적시해야 한다. 시점에 따라 그때는 맞고 지금은 틀릴 수도, 그때는 틀리고 지금은 맞을 수도 있어서다.

비트코인은 위험자산인가, 안전자산인가. 누군가 이 같은 질문을 던진다면 나는 '위험자산'이라 답하겠다.

2025년 상반기 미국 연방준비제도(Fed)가 양적긴축(QT)를 가속했을 때 S&P500이 1.2% 하락하는 사이 비트코인은 10% 가까이 밀렸다. AI 버블 논란이 터졌을 때도 주식이 반등하는 동안 비트코인은 되레 10% 넘게 빠졌다. 비트코인은 증시를 선행하면서 가격은 더 크게 움직였다. 최근 30일 변동성은 나스닥의 두 배, 금의 네 배에 달한다. 그렇다면 지금까지 시장을 이끌어 온 '디지털 금' 내러티브는 폐기된 걸까. 아니다. '가치저장의 수단'을 떠올려 보라. 당장 돈이 떠오르겠다. 지금과 같은 원화 가치 약세 시대에 돈이라면 달러가 더 맞겠다. 달러는 1913년(Fed 탄생) 이후 실질 구매력이 99% 증발했다. 매년 천문학적으로 돈을 찍어내니 가치가 버틸 리 없다. 2025년 10월 미국 국가 부채는 36조 2,000억 달러, GDP의 132%에 이른다.

마음대로 찍어낼 수 없는 원자재는 어떨까. 문제는 원자재가 보관이 어렵다는 점이다. 2020년 4월 발생한 마이너스 유가 사태를 기억하는가. 수요 급감과 저장 공간 부족으로 유조선을 포함한 저장 시설이 한계에 달하면서 발생했다. 투자자들이 만기일이 다가오는 5월 인도분 선물을 현물로 받지 않으려 하면서 가격이 마이너스로 폭락했다. 당시 빈 유조선만 있다면 떼돈을 벌 수 있을 거라는 말까지 돌았다. 그나마 금이 가치 저장의 수단으로 가장 적합하다. 달러와 달리 무제한 공급에 따른 가치 하락이 없고, 원자재와 달리 상대적으로 보관과 이동에 용이하다. 하지만 공급이 완전히 제한된 건 아니다. 1980~90년대 금값이 장기 하락 추세에 있었던 건 전 세계에서 금광이 발견됐기 때문이다. 대규모 금광이 발견된다면 가격 하락은 불가피하다. 보관과 이동이 쉽다는 것도 원유 등과 비교해 상대적으로 그렇다는 말이지, 무거운 데다 실물 도난 위험이 있다.

금의 단점을 보완한 게 비트코인이다. 공급량이 2140년까지 2,100만 개로 고정돼 있다. USB 하나면 보관 가능하다. 국경도 은행도 필요 없다. 금을 뛰어넘는 가치 저장 수단이다(물론 가치를 인정한다는 전제가 있긴 하지만).

다시 첫 질문으로 돌아와서. 그래서 비트코인이 위험자산이라는 거냐, 안전자산이라는 거냐. 블랙록은 이 모순된 질문에 2024년 9월, 'Bitcoin : A Unique Diversifier(비트코인 : 독특한 분산 투자 수단)'이라는 보고서로 답했다(보고서 제목은 2008년 10월 31일 공개된 비트코인 백서의 제목 'Bitcoin : A Peer to Peer Electronic Cash System'에서 따왔다). 블랙록에 따르면, 2024년 1월 비트코인 현물 ETF(IBIT) 승인 이후 비트코인의 정체성에 대한 고객들의 질문이 쏟아졌다고 한다.

블랙록은 보고서를 통해 "비트코인은 높은 변동성으로 인해 단독으로 볼 때 명백한 '위험자산'"이라며 "그러나 비트코인이 직면한 대부분의 위험과 잠재적 수익 요인은 근본적으로 전통적인 '위험자산'과는 성격이 다르다"고 설명했다. 이어 "비트코인은 '리스크 온(Risk-on)' 대 '리스크 오프(Risk-off)' 프레임워크를 포함한 대부분의 전통적 금융 프레임워크에 부합하지 않는다"고 덧붙였다. 단기적으로는 유동성에 민감해 주식보다 먼저 흔들리지만, 장기적으로는 희소

성과 탈중앙성 덕에 지정학적 및 통화 불안의 헤지 수단이 될 수 있다고 분석했다.

단기적으로 유동성에 민감하다고 하니, 2025년 10월 초 고점(약 12만 6,000달러)을 찍고 10만 달러선도 위협받고 있는 지금의 시장 상황은 당연한 걸까. 당연하다기엔 유동성 관점에서도 지금 하락은 과하다. 위험자산과 비교해서도 비트코인에 대한 가격은 물론이고 센티먼트가 유독 좋지 않다.

비트코인에 무슨 문제가 있는 건 아닐까. 결론부터 말하자면 아니다. 지금 비트코인은 IPO(기업공개) 이후 과정을 거치고 있다.

IPO 과정을 살펴보자. 스타트업 가운데 살아남을, 그리고 단순 생존을 넘어 성공하는 기업은 극히 드물다. 그러니 스타트업에 초기 투자한 이들에게는 당연히 그에 맞는 보상이 돌아가야 한다. 성공의 기준 가운데 하나는 IPO다. 초기 투자자들은 IPO를 통해 수익을 실현한다. IPO 이후 시장에서 주식을 파는 건 해당 기업의 실패가 아니다. 되레 성공의 증거다. 그렇게 주주의 손바꿈이 일어난 후에 주가는 정상 궤도에 들어선다.

2024년 1월 비트코인 현물 ETF 상장은 비트코인의 IPO에 비견될 만하다. 비트코인 초기 투자자를 가정해 보자. 2010년 비트코인을 채굴했던 사람, 100달러에 샀던 사람, 1,000달러에 샀던 사람, 2014년 마운트 곡스 해킹 사태를 견뎌낸 사람이 있다. 2018년 약세장을 버텨낸 사람도 있고, 2020년 코로나19 사태를 감내한 사람도 있을 거다. 비트코인은 쓰

레기, 가치가 0원이 될 거라는 저주 박힌 전망에도 꿋꿋이 버티고, 기꺼이 위험을 감수했다. 그리고 IPO(비트코인 ETF 상장)를 이뤄냈다. ETF 상장을 통해 시장은 유동성을 확보했다. 이들 초기 투자자들은 드디어 자신들이 보유한 비트코인을 팔아도 폭락하지 않는 유동성을 확보했다. 비트코인 ETF를 통해 수십억 달러의 자금이 들어오고, 주요 기업들이 대차대조표에 비트코인을 추가하고 있다. 국부펀드도 비트코인을 사 모으기 시작했다.

실제로 디지털 자산 운용사 갤럭시디지털은 2025년 7월 비트코인 초기 투자자 고객을 위해 90억 달러 비트코인을 OTC(장외거래)로 매도했다. 온체인 데이터에 따르면, 2025년 들어 10년 이상 잠들어 있던 비트코인 4만 2,000개가 이동했다. 2021년과 비교해 370% 증가했다. 이런 매도세에도 최근 비트코인이 20%, 30% 폭락했다는 얘기는 못 들어 봤을 거다. 이런 매도세를 그간 시장에는 없던 기관 자금들이 받아준 덕분이다.

반면, 2025년 10월 중순 이후 비트코인 가격이 하락세에 진입한 건 이들 초기 투자자들의 물량을 받아 줄 기관들의 매수세가 부족해서다. 아마 기관은 초기 비트코인 투자자들의 매도세가 끝나길 기다리고 있는지 모른다. 그래서 가장 궁금한, 2026년 비트코인 가격은 어떻게 될까. 4년 주기 사이클에 따르면 2025년 비트코인 가격은 정점을 찍고 내려가야 한다. 하지만 과거의 패턴대로 비트코인 시장이 흘러갈까. 앞서 비유한 대로, 지금 비트코인은 성공적으로 IPO를 마친 상황이다. 비상장 상태일 때의 변동성, 그리고 그 변동성을 좌우하는 요소는 상장 이후와 다를 수밖에 없다. 시장은 예측이 아니라 대응의 영역이다. 비트코인의 디지털 금 내러티브를 믿는다면 가격 변동의 소음은 끄고 꾸준히 모아가는 게 전략일지 모른다.

그럼에도 가격 변동성의 파고를 넘고 싶다면 가장 신경 써야 할 것은 유동성이다. 시장 유동성이 넘치는 상황인지를 점검해야 한다. ETF로 돈이 들어와야 하고, 기업들이 재무제표에 적극적으로 비트코인을 편입해야 비트코인 가격이 오를 수 있다.

그런 관점에서 개인적으로 2026년 사이클상 폭락 가능성은 크지 않다고 본다. 트럼프 행정부가 비트코인에 진심이다. 공익을 위해서건 사익을 위해서건, 어쨌든 크립토 시장 육성을 위해 힘을 보태고 있다. 연금의 비트코인 투자를 독려하고, 펀드의 비트코인 투자 장벽을 걷어 냈다. 은행이 비트코인 투자를 쉽게 할 수 있도록 제도적으로 길을 열고 있다. 제도적 명확성이 뒷받침되는 한 기관은 포트폴리오의 일부로 비트코인을 편입할 것이다. 아울러 스테이블코인 시장 활성화 정책을 펴고 있다. 스테이블코인 발행량 확대를 통해 시장에 들어온 유동성은 비트코인 가격 상승의 불쏘시개 역할을 할 것이다. 모든 투자는 투자자 본인의 책임이다. 다만, 돈은 급한 사람의 주머니에서 그나마 덜 급한 사람의 주머니로 흘러간다는 걸 명심했으면 한다.

고란_알토란tv 대표

참고 자료 : Bitcoin:A Unique Diversifier(블랙록 보고서) / Bitcoin's Silent IPO(Jordi Visser)

11.
배당 투자가 궁금해요!

'배당 투자'라는 말은 많이 들었을 것이다. 미국 연방준비제도(Fed)의 금리 인하로 채권이나 저축 상품의 수익률은 낮아지는 반면, 주식 투자에 대한 매력은 높아지고 있다. 이 가운데 '따박따박' 나오는 수익을 얻고 싶으면 단연 배당 투자로 눈을 돌려야 한다. 금리 하락에 맞서면서도 안정적인 현금흐름을 제공하기 때문이다.

배당이란 무엇일까

본격적으로 배당이 무엇인지 알아보자. 배당이란 주식을 가지고 있는 주주들에게 해당 기업이 이익 중 일부를 돌려주는 것을 말한다. 내가 A라는 기업의 주식을 사서 보유하고 있다면, 가지고 있는 주식 수와 비례해 A 회사의 이익 중 일부를 배당이라는 이름으로 돌려받을 수 있다. 흔히 이런 배당을 많이 주는 기업의 주식을 '배당주'라고 부른다. 배당의 종류는 현금배당과 주식배당, 현물배당으로 나눌 수 있다. 현금배당은 기업의 당기순이익이나 이익잉여금에서 일부를 현금의 형태로 주주에게 나눠주는 것을 말한다. 쉽게 말해 장사해서 남긴 이익 중 일부를 돈으로 투자자들에게 돌려주는 형태다.

주식배당은 현금이 아닌 주식으로 돌려주는 것을 말한다. 남는 이익으로 신주를 발행해 기존 주주들에게 나눠주기 때문에 기업 입장에서는 자본금이 늘어나는 효과가 있다. 현물배당은 기업이 이미 가지고 있는 자사주(자본금과 자본잉여금) 중 일부를 주주에게 지급하는 것을 말한다.

일반적으로 배당을 받는다고 하면 현금배당을 말한다. 기업 배당금 대부분이 현금배당이기 때문이다. 이 가운데 최근 몇 년 사이 현물배당이 눈에 띄는 모습이다. LG화학과 LG에너지솔루션으로 인해 유명해진 이른바 '쪼개기 상장(물적분할 후 재상장)'에 따른 주주보상책으로 현물배당이 등장하고 있기 때문이다.

배당, 어떻게 받아야 하나요

지난 2024년 5월 애플은 기대에 미치지 못한 실적을 발표했다. 그럼에도 장 마감 후 시간 외 거래에서 주가가 급등하는 현상을 보였다. 실적 실망감에도 애플 주가를 끌어올린 힘은 바로 배당을 중심으로 한 주주환원 정책이다. 기업이 배당을 늘리면서 이에 따라 주가가 상승하는 현상은 비단 해외 사례까지 가지 않아도 국내에서도 쉽게 찾아볼 수 있다.

배당은 기업이 낸 이익 중 일부를 주주들에게 돌려주는 것을 말한다. 이런 관점에서 본다면 배당을 늘리는 기업은 일반적으로 이익이 이를 감당할 수 있는 수준으로 늘어났다는 말이 된다. 이를 주주들에게 다시 돌려주는 방법을 택했다는 것은 기업이 그만큼 주주들을 신경 쓰고 있다는 뜻으로 해석할 수 있다.

물론 주가가 너무 떨어져 이를 방어하기 위해 무리하게 배당을 늘리는 경우도 있다. 하지만 배당이 늘어난다는 것은 일반적으로는 긍정적인 측면으로 해석될 여지가 더 많기 때문에 결국 주가 상승으로 이어지는 경우가 많다.

배당, 어디서 봐야 하나요

배당이 중요하다는 것을 충분히 알았다면 이제 어디서 어떻게 배당을 받을 수 있는지 알아보자. 우선 기업이 배당금을 얼마나 주는지를 알아보자.

기업들은 자체적으로 기업 홈페이지에도 배당을 알리지만 일반적으로 전자공시시스템(DART_dart.fss.or.kr)을 통해 배당을 공시한다.

현대차의 2025년 10월 30일 분기 배당 공시

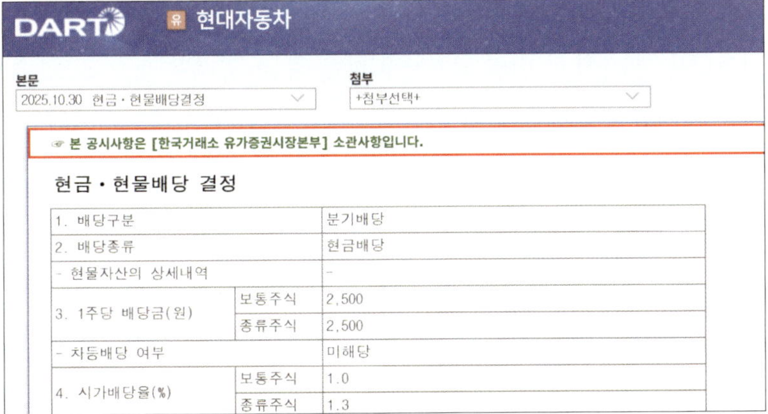

1. 배당구분		분기배당
2. 배당종류		현금배당
- 현물자산의 상세내역		-
3. 1주당 배당금(원)	보통주식	2,500
	종류주식	2,500
- 차등배당 여부		미해당
4. 시가배당율(%)	보통주식	1.0
	종류주식	1.3

배당은 전적으로 기업이 결정한다. 과거만 해도 국내 기업들은 배당에 인색했다. 하지만 국내 기업들에 외국인 투자자가 많아진 데다, '동학 개미 운동'을 시작으로 주식투자자들의 존재감이 확대되며 기업도 배당을 외면할 수 없게 됐다.

일반적으로 1년에 한 번씩 배당을 주는 연말 배당이 배당의 주요 형태였지만, 최근 들어서는 반기에 한 번씩 지급하는 반기 배당, 심지어는 분기마다 배당을 지급하는 분기 배당까지 심심치 않게 볼 수 있다. 앞서 살펴본 현대차 분기 배당이 대표적이다. 현대차는 2023년 2분기부터 분기 배당을 시작했다. 분기 배당은 말 그대로 분기마다 배당을 주는 것을 의미한다. 일반적으로 연말 결산기에 발생한 이익을 근거로 배당하는 정기 배당과 달리 결산기 중간인 분기나 반기 결산 시기에 배당하는 것이 중간 배당이다.

삼성전자 역시 대표적으로 분기 배당을 하는 기업이다. 매 분기마다 배당을 하기 때문에 1년에 네 번의 배당금을 받을 수 있다. 금융지주 역시 대표적으로 분기 배당을 한다. 분기 배당은 배당금 규모가 크다기보다는 '분기에 한 번씩 최소한 배당을 줄 수 있다'는 뜻으로, 그 회사의 넉넉한 유동성을 보여주는 지표로도 꼽힌다. 다만 분기 배당은 높은 배당금보다는 최소한 분기에 한 번씩 배당을 줄 수 있다는 뜻으로 해석하는 것이 바람직하다. 많은 배당금이 아닌 꾸준한 배당금이 가능하다는 것이다.

배당기준일과 배당락은 무엇일까

주식은 거래 시간 내 언제든 쉽게 사고팔 수 있다는 점이 특징이다. 따라서 어느 기업이든 상장된 기업이라면 주주는 매일 혹은 매시간 바뀔 수 있다. 배당금은 그 기업의 주식을 소유하고 있는 주주에게 지급한다. 그런데 이렇게 매번 바뀌는 주주들에게 모두 배당금을 줄 수는 없다. 따라서 기업과 주주 모두에게 필요한 지급 기준이 바로 '배당기준일'이다. 쉽게 말해 특정 기준일에 주식을 가지고 있는 주주에게 배당금을 지급한다는 의미다.

연말 배당을 기준으로, 배당기준일은 매년 마지막 주식거래일이다. 하지만 주식 매매는 주문 후 이틀 뒤에 실제로 소유가 변동된다는 사실을 고려해야 한다. 따라서 배당을 받기 위해서는 마지막 주식거래일보다 이틀 전까지는 주식을 매수해야 한다. 예를 들어 2024년 마지막 거래일이 12월 30일(월)이라면 2거래일 전인 12월 26일(목) 장 종료 전까지 주식을 매수해야 배당금을 받을 수 있다.

배당기준일 전에 주식을 샀다면 주주명부에 등재되어 배당을 받을 수 있다. 2024년을 기준으로 12월 26일에 주식을 산다면 배당금을 받을 수 있지만, 다음날인 27일에 주식을 산다면 아무리 많은 수의 주식을 사더라도 배당을 받을 수 없다. 이처럼 주식을 사더라도 배당을 받을 수 없는 날이 바로 '배당락일'이다.

배당락일이 중요한 이유는 대부분의 배당주가 배당락일에 주가가 하락하기 때문이다. 배당수익을 노린 투자자들이 주주명부 확정 후 주식을 팔기 때문이다. 일반적으로 배당을 노리고 배당기준일에 매수가 몰리고, 다음 날인 배당락일에 매도가 몰리는 경우가 많다. 배당에 대한 기대감으로 오른 만큼 그 요인이 사라지며 주가가 조정되는 것이다.

다만 배당락일에 주가가 하락한다고 해서 크게 염려할 필요는 없다. 일반적으로 배당락일 하락분은 다시 회복되는 경향이 크기 때문이다. 2023년부터 금융위원회는 투자자들이 상장사 배당금을 확인하고 투자를 결정할 수 있도록 배당 절차를 개선해 배당액 확정 후 배당 기준일을 정하도록 했다. 이에 따라 상당수 기업이 결산 배당의 배당기준일을 주주총회 이후로 정하도록 정관을 변경하면서 예전과 같은 배당락일 충격은 점차 사라지고 있다.

역대 배당을 한눈에 보려면

배당을 주는 기업을 선택할 때 중요한 것 중 하나가 배당을 언제부터 주기 시작했는지, 얼마나 줬는지를 알 수 있는 과거 배당 관련 자료다. DART 사이트에도 배당 관련 정보가 나와 있지만, 배당 정보만 따로 찾기는 쉽지 않다.

이럴 때 활용하기 좋은 곳이 한국거래소에서 관리하는 기업공시 홈페이지(KIND_ kind.krx.co.kr)다. 이 홈페이지에는 상장기업의 주당 배당금, 배당성향, 총 배당금액 등 배당 정보를 쉽게 찾아볼 수 있다. 홈페이지에 들어가서 '전체 메뉴→상장법인 상세정보→배당 정보' 순으로 열어보면 된다. 결산월과 업종, 업종별 배당률, 주식 배당인지 여부, 현금배당일 경우 주당배당금을 비롯해 배당성향, 총배당금액, 시가배당률까지 한눈에 볼 수 있다.

한국거래소가 제공하는 상장사 배당 정보

미국 배당도 궁금해요

미국 증시에는 '배당킹(Dividend king)'이나 '배당귀족(Dividend Aristocrat)' 리스트가 있을 정도다. 배당킹은 50년 연속 배당금을 늘려온 종목, 배당귀족은 25년 이상 배당금을 늘려온 종목 중 스탠다드앤드푸어스(S&P) 지수에 속해 있으면서 일정 규모의 시가총액과 유동성을 갖춘 종목으로 구성된다. 이외에도 배당금을 10년 이상 늘려온 배당성취주(Dividend Achiever)도 있다.

미국은 배당주만 많은 게 아니라 배당 형태도 다양하다. 국내에서는 연말 재무제표가 나온 후 주주총회를 통해 배당금을 확정해 3월에 지급하는 연 배당이나, 상하반기(6월,12월)에 지급하는 반기 배당이 대다수다. 하지만 미국은 월배당, 분기배당이 더 많다.

배당주 투자 쉽게 하고 싶어요

주식투자를 통해 수익만 얻으면 좋겠지만, '리스크'라는 게 존재한다. 배당을 많이 준다고 해서 투자를 했는데 주가가 하락해 손실이 발생할 수 있고, 수십 년간 배당을 해온 전통적인 배당주조차 투자 첫해에 기업 사정으로 배당을 하지 않을 수도 있다. 그렇다면 다양한 종목에 분산 투자하는 것이 답이지만, 그러자니 투자금이 커진다. 이때 필요한 것이 상장지수펀드(ETF)다. '투자의 달인' 워런 버핏도 종목을 선택하는 능력이 부족한 대부분의 개인투자자는 몇몇 기업에 집중 투자하는 것보다 지수를 추종하는 ETF를 사는 것이 현명하다고 조언했다. 존 보글 역시 잦은 매매의 유혹만 이겨낸다면 개인투자자에게 ETF는 최상의 선택이라고 말했다. 현재 국내 주식시장에 상장된 배당 ETF는 무려 39개(2025년 10월 말 기준)에 달한다.

김은경_<친절한 배당투자> 저자 / 이데일리 기자

12.
2026년 중국 증시,
'기술주 중심의 전략적 재편' 시대 온다

2026년 중국 증시는 단순한 경기 회복을 넘어, 역사적 전환점에 선 거대한 실험장이다. 이는 과거 성장 모델이 무너진 자리에 과학기술과 제조업의 융합이 낳은 새로운 생태계가 자리 잡아가는 모양새다. 부동산 중심의 양적 팽창은 종언을 고하고, AI·반도체·첨단 제조·우주·해양 신산업이 주도하는 '신질생산력(新质生产力)'의 시대가 본격적으로 열리고 있다. 이러한 변화는 단순한 산업 구조조정을 넘어 중국 경제의 DNA를 재설계하는 질적 도약이며, 투자자에게는 기회이자 시험대다. 지금 중국 증시에 필요한 것은 정보의 양이 아니라, 변화의 방향성을 읽어내는 전략적 통찰력이다.

중국 경제의 현재 _ 고질량 성장의 시작, 그러나 여전한 그림자

2026년 중국 경제는 두 가지 얼굴을 지닌 채 움직일 전망이다. 한쪽에는 15차 5개년 계획(15·5계획)이라는 새로운 국가 비전의 등대가 켜졌고, 다른 한쪽에는 부동산 침체, 디플레이션 우려, 지방 정부 재정 압박이라는 구조적 그림자가 드리워져 있다.

그러나 정부의 선택은 명확하다. 2025년 10월 개최된 4중전회(四中全会)를 통해 확정된 15·5계획은 '고질량(高質量) 발전'을 최우선 목표로 삼으며, 단순한 성장률보다 성장의 질과 지속 가능성을 강조하고 있다. 이에 따라 2026년 성장률 목표는 '5% 전후'로 유지될 전망이다. 이 수치는 단순한 예측치가 아니다. 이는 전략적 마지노선, 즉 '이보다 낮아지면 안 된다'는 정치적 결의의 표현이며, 새로운 5년을 시작하는 의지의 신호등이다.

핵심은 이 목표가 어떻게 달성되는가에 있다. 과거처럼 부동산과 지방정부 투자에 의존하는 방식은 더 이상 통하지 않는다. 대신 중국은 '기술 자립·자강(自立·自强)'을 국가적 과제로 삼고 AI·반도체·6G·핵융합·생명공학 등 핵심 분야에 막대한 자원을 집중적으로 투입하고 있다.

이는 미국의 기술 봉쇄라는 외부 압력과 맞물려 '관세 30%를 뛰어넘는 생산성 향상'이라는 극한의 전략으로 이어지고 있다. 중국은 이제 단순히 '세계의 공장'이 아니라, '세계의 기술 허브'로 도약하려는 포석을 깔고 있는 중이다.

증시의 새로운 역할 _ 자본시장, 국가 전략의 핵심 창구

이러한 전환 속에서 중국 증시는 단순한 기업 자금 조달 장치를 넘어 국가 전략의 핵심 인프라로 부상하고 있다. 은행 시스템에 묶인 30조 위안 이상의 과잉 유동성이 부동산이 아닌 첨단기술 기업과 제조업 혁신으로 향하는 창구로서 증시의 역할이 전례 없이 부각되고 있다. 정부는 "주식시장은 국가 금융 안보의 핵심"이라며 국유기업, 기관투자자, 연기금의 시장 지지 역할을 공식화하고 있다. 이는 단기적 변동성은 있겠지만 장기적 기준선은 상향 조정된다는 강력한 신호다.

특히 주목할 점은 정책의 방향성이다. 중국은 더 이상 모든 기업을 구제하지 않는다. 대신 '반내권(反內卷) 정책'을 통해 지방정부 주도의 과잉투자와 과당경쟁을 억제하며 자원을 진정한 혁신기업에 집중시키려는 노력을 기울이고 있다. 이는 시장의 효율성을 회복하고 자본이 진정한 가치를 가진 기업으로 흐르도록 유도하는 구조적 개혁의 일환이다.

이러한 거시적 전환 속에서, "어디에 자본이 몰릴 것인가?"가 중요하다. 바로 '신질생산력'을 실현하는 핵심 산업군이다. 이는 단순한 테마가 아니라 중국이 2035년 중진국 도약을 위해 반드시 넘어야 할 관문이다.

첫째, AI와 반도체의 융합은 가장 핵심적인 투자 축이다. 중국은 미국의 수출 통제라는 벽 앞에서 반도체 산업의 전방위적 자립을 추진하고 있다. 설계·제조·장비·소재에 이르기까지 EUV 리소그래피(li-thography), 고성능 패키징, AI 전용 반도체 등 핵심 기술 공략이 국가적 과제로 격상됐다. 동시에 AI는 단순한 소프트웨어를 넘어, 산업 전반의 생산 프로세스를 지능화하는 핵심 인프라로 자리잡고 있다. 'AI+제조', 'AI+에너지', 'AI+금융' 등의 융합이 본격화되며, AI는 중국 산업의 '두뇌'가 되고 있다.

둘째, AI와 접목한 제조업의 부활은 중국의 독보적 경쟁력이다. 중국은 세계 최대의 제조업 기반을 보유하며, 여기에 AI, 로봇, 디지털 트윈 기술을 결합해 '다크 팩토리(黑灯工厂, 무인 공장)'를 구축 중이다. 조명 없이도 24시간 돌아가는 이 공장들은 인건비 리스크를 제거하고 생산성을 극대화하는 새로운 생산 모델이다. 이는 중국이 글로벌 공급망에서 탈락하지 않고 오히려 고부가가치 제조업으로 도약할 수 있는 유일한 길이다.

셋째, 빅테크 기업의 재평가도 중요한 기회다. 과거 규제의 그림자 속에서 침체했던 알리바바, 텐센트, 바이두 등은 이제 AI 기술 상용화와 해외 시장 확대를 통해 실적 회복과 가치 재평가의 기로에 서 있다. 특히 생성형 AI, 클라우드 서비스, 디지털 금융 등에서 이들 기업은 여전히 엄청난 기술적 잠재력을 보유하고 있으며, 규제 환경의 안정화와 함께 투자심리 회복의 수혜를 입을 가능성이 크다.

넷째, 해양 및 우주 신산업은 미래의 새로운 성장 축이다. 15·5계획에서 처음으로 '해양 개발 보호'를 명시하며, 해상풍력, 해양 생물 의약품, 해양 광물자원, 해양 생물제조 등이 육성 대상으로 선정됐다. 이는 중국이 육지 중심의 경제에서 벗어나 블루 이코노미(Blue Economy)로 눈을 돌리고 있음을 의미한다.

더 나아가 우주 경제는 '항공우주 강국' 건설의 핵심이다. 국가 주도의 대규모 위성인터넷망과 민간 주도의 상업용 발사 산업이 동시다발적으로 성장하며, 위성 제조, 통신 서비스, 발사 인프라 등 관련 산업이 급성장하고 있다. 하이난 상업우주발사장의 본격적 운영은 이 산업의 상업화를 가속화할 결정적 계기가 될 전망이다.

기회의 그늘, 리스크의 현실

그러나 중국 투자는 기회만 있는 것이 아니라 반드시 경계해야 할 리스크가 존재한다. 이는 기회를 파악하는 것만큼이나 중요하다.

첫째, 정책 리스크는 여전히 핵심 변수다. 중국은 시장경제이지만 정부의 개입이 강하다. 정부가 전략적으로 지원하는 산업(AI, 반도체, 신에너지)에 집중하는 전략이 필요하다. '정치적 올바름'이 시장에서 생존의 조건이 되는 만큼, 정책의 흐름을 읽는 능력이 투자의 성패를 좌우한다.

둘째, 지정학적 리스크도 간과할 수 없다. 미·중 갈등이 격화될 경우 기술 제재 확대, 외국인 자금 이탈 등이 발생할 수 있다.

셋째, 부동산 리스크는 여전히 잠재적 '폭뢰(爆雷)'로 남아 있다. 일부 개발업체의 유동성 위기는 시장에 충격을 줄 수 있으나, 정부는 '제로지뢰 게임(연쇄 부도 방지)' 정책을 통해 시스템 리스크를 관리하고 있다. 따라서 부동산 관련주는 신중한 접근이 요구된다.

넷째, 외국인 투자자 심리도 중요한 변수다. 과거 외국인 자금 이탈로 증시가 하락한 사례가 많다. 그러나 2026년에는 중국 경제 안정 신호와 함께, 외국인 자금의 점진적 유턴이 예상된다. 이는 기술주 중심의 반등을 뒷받침할 수 있다.

변화를 읽는 전략적 안목이 승리한다

역사는 항상 변화의 시기에 새로운 승자를 만들어낸다. 지금 중국 증시는 그런 시점에 서 있다. 폭풍전야의 어둠 속에서 누가 진정한 북극성을 볼 수 있는가? 그 질문에 답하는 자만이 중국 투자의 부(富)를 손에 쥘 수 있을 것이다.

2026년 중국 증시는 더 이상 '과거의 중국'을 반영하지 않는다. 부동산 중심의 양적 팽창은 끝났고, 이제는 기술혁명과 제조업 고도화를 통해 '질적 도약'을 추구하는 시장이다. 이는 단순한 산업 전환을 넘어 국가 전략과 자본시장이 하나로 연결된 새로운 패러다임이다.

이 전환을 정확히 읽고, 신질생산력을 실현하는 핵심 산업군(AI, 반도체, 첨단제조, 우주·해양 신산업)에 전략적으로 자산 배분을 할 필요가 있다. 동시에 정책 리스크와 지정학적 불확실성에 대한 경계를 늦추지 말아야 한다. 중국은 어렵지만 기회도 큰 시장이다. 변화를 읽는 전략적 안목이 2026년 중국증시 투자의 성패를 좌우할 것이다.

전병서_중국경제금융연구소장

상해지수 추이 (자료 : 상해거래소)

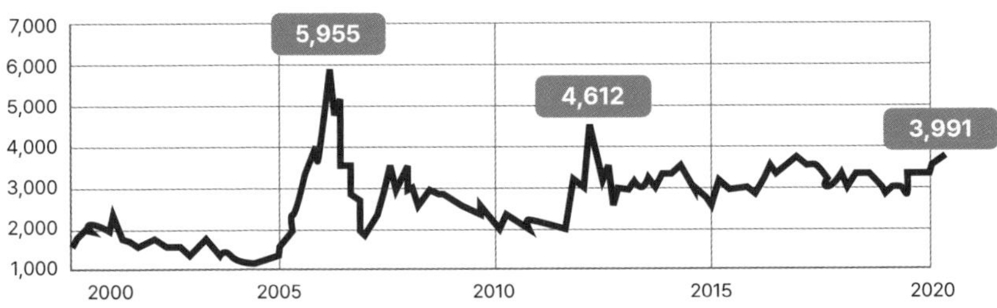

중국 증시 상승기 비교 (자료 : 중국경제연구소)

구분	2005년 상승기	2015년 상승기	2025년 상승기
주요 지수 상승기	2005.6 ~ 2007.10 상하이 998→6124	2014.11 ~ 2015.6 상하이 2000→5178	2024년 말 ~ 2025년 하반기 상하이 2672→3991 (고점 미정)
주요 상승 배경	- 국유기업 주식분리개혁 - WTO 성장 본격화 - QFII 확대 - 제조업 수출 호황	- 양적완화, 유동성 과잉 - 인터넷 금융 (핀테크, 레버리지 거래) - 정부의 시장부양 정책 - 개인투자자 급증	- 통화·재정 완화 지속 - 부동산 침체 후 유입자금 - 신에너지·반도체·AI 집중 - 자본시장 개혁, 외국인 투자 유치
시장 특징	- 기업구조 개혁 중심 - 실물경제 성장 연동 - 기관투자자 비중 증가	- 레버리지 급증 - 개인투기 과열, 미니버블 - 개인투자자 주도	- 정부 안정성장 지향 - 첨단·내수 중심 - 기관·외국인 비중 확대
정부 역할	주식분리개혁 등 제도개혁 주도	시장부양·유동성 지원	구조개혁 + 리스크 관리 병행
거품 여부	2008년 위기 전까지 상승, 이후 급락	명확한 거품, 2015 여름 대폭락	거품 가능성 낮으나 단기 과열 가능
국제적 맥락	글로벌 호황기, 중국 신화 시작	글로벌 저금리, 성장 둔화 시작	고금리 완화 기대, 지정학 리스크
주요 산업	제조업, 자원, 금융	인터넷, 금융, 부동산	반도체, 전기차, AI, 녹색 에너지
교훈 결과	장기 성장 기반 마련	버블 붕괴, 규제 강화	구조적 성장 기반 전환

구분	2005년	2015년	2026년 (예상)
성장 동력	실물경제 성장 + 제도개혁	유동성 + 투기	기술 혁신 + 정책 유도
시장 주체	기관 중심 서서히 확대	개인 투자자 폭증	기관·외국인 중심 성숙화
정부 개입 방식	제도 설계 중심	직접적 시장 개입 (거품 이후)	시장 안정 유도 + 리스크 관리 병행
글로벌 환경	글로벌 호황	글로벌 완화기	금리 전환기, 지정학적 불확실성

13.
'내 집 마련' 추월차선, 청약 활용법

'내 집 마련'으로 가는 가장 대표적 통로인 주택청약 제도가 2025년 들어 크게 달라졌다. 분양 경쟁이 갈수록 치열해지는 상황에서 정부는 청약 접근성을 높이는 동시에 투기성 수요를 걸러내고 무주택 실수요자 중심의 청약 시스템으로 방향을 정비하고 있다. 집값이 다시 오름세로 돌아선 서울과 수도권 시장에서 달라진 제도는 단순한 절차 변화가 아니라, 주택 자산 형성의 새로운 분기점이 되고 있다.

'줍줍'이 막혔다, 청약 제도 변화 톺아보기

가장 먼저 눈에 띄는 변화는 이른바 '줍줍'으로 불렸던 무순위 청약 제도다. 과거에는 분양 후 잔여 세대가 발생하면 선착순으로 신청할 수 있는 구조였다. 청약통장이 없어도 되고, 자격 요건이 까다롭지 않아 투자 목적으로 접근하는 사례가 많았다. 하지만 2025년부터는 이러한 구조가 전면 개편됐다. 기존에는 비조정지역의 경우 주택 보유 여부와 상관없이 청약 신청이 가능했지만, 2025년부터는 전 지역에서 무주택자만 신청 가능하다. 또 아파트를 공급하는 해당 지역 거주자에게 우선권이 주어진다.

이제 무순위 청약은 사실상 실거주 목적의 수요자만 접근할 수 있는 제도가 됐다. 지역 거주기간이 짧거나 실거주 이력이 없는 신청자는 불리해졌고, 주소지만 옮겨 위장전입을 통한 편법 사례를 막기 위한 단속도 강화됐다. 실거주 의지가 있는 사람에게만 기회가 돌아가며, 실입주 의무 위반 시 향후 청약 제한도 강화됐다.

청약통장 제도도 대폭 손질했다. 청약 가점 산정 시 인정되던 월 납입 한도는 10만 원에서 25만 원으로 확대됐다. 납입 금액이 많다고 점수가 바로 오르는 구조는 아니지만 상한이 넓어지면서 사회초년생이나 2030세대도 빠르게 납입 실적을 쌓을 수 있게 됐다. 청약 납입 인정은 금액이 아니라 횟수 기준이다. 따라서 매달 꾸준히 납입하는 것이 중요하며 납입 횟수를 관리하는 것이 장기적으로 유리하다.

이와 함께 소득공제 등 세제 혜택 범위도 커졌다. 청약저축 납입액에 대한 공제 한도가 높아져 장기적으로 주택 구입 자금을 마련하려는 무주택 근로자에게 실질적인 세제 절감 효과가 생겼다. 또한 과거 분리돼 있던 청약예금·청약부금·청약저축 가입자도 일정 기간 동안 '주택청약종합저축'으로 전환할 수 있다. 전환 시 기존 납입 실적과 가입 기간이 그대로 인정돼, 오래된 통장을 가진 가입자도 불이익 없이 제도 개편 혜택을 누릴 수 있다.

이처럼 통장 구조가 단순화되면서 청약 자격 산정이 명확해졌고, 은행별 관리 기준도 통일됐다. 정부는 납입한도 상향과 세제 혜택 강화를 통해 청약저축의 본래 기능인 '내 집 마련을 위한 장기저축' 역할을 복원하려 하고 있다. 단순히 청약 응모용이 아니라 '주택 구입을 위한 재테크 수단'으로서 청약통장을 다시 활성화하겠다는 것이다.

구분	2024년까지	2025년부터 변경된 내용	핵심 의미
무순위 청약 (줍줍)	일부 비조정지역은 유주택자 신청 가능, 선착순 방식	전 지역 무주택자만 신청 가능, 지역 거주자 우선, 위장전입 단속 강화	실거주 중심 구조로 전환
청약통장 월 납입한도	10만 원	25만 원으로 상향, 납입 횟수 중심 인정	사회초년생·2030세대 진입 장벽 완화
청약저축 세제 혜택	연 소득공제 한도 240만 원	한도 확대 및 공제율 개선, 납입 장려	장기저축 기능 복원
특별공급 구조	신혼부부·생애최초 일부 비중	신혼부부 18→23%, 공공분양 50% 우선 공급	출산·육아 중심 지원 강화

무주택 실수요자가 유리? 어떤 특공 노릴까

이제 청약은 단순히 '당첨 운'을 노리는 제도가 아니라, 청약통장 납입 습관·가점 관리·소득 관리까지 포함한 장기 재테크의 한 축으로 인식할 필요가 있다. 무주택자라면 자신의 생애 단계(단독, 신혼, 가족 형성 등)에 맞는 특별공급 유형을 파악하고, 청약통장 납입 전략을 세워 꾸준히 관리하는 것이 '내 집 마련'의 가장 현실적인 첫 단추가 된다.

이와 같은 제도 개편은 결국 무주택 실수요자 중심의 공급 체계 강화로 이어지고 있다. 정부는 주택정책의 중심을 '얼마나 공급하느냐'에서 '누가 집을 공급받느냐'로 전환했다. 생애최초·신혼부부·다자녀 등 실제 거주 수요자에게 공급 기회를 집중하고, 청약 가점과 거주 요건을 통해 투기성 수요를 제도적으로 차단하는 구조를 만든 것이다.

예를 들어 수도권 주요 공공분양 단지에서는 지역 거주 요건과 무주택 기간을 더 엄격히 적용하고, 당첨자에 대해 실입주 의무를 강화했다. 또한 청약통장 납입 실적·근로소득·무주택 기간 등 실수요 여부를 입증할 수 있는 지표가 심사 단계에서 더욱 중요해졌다. 이제 청약은 단순한 추첨이 아니라 실거주 의지가 뚜렷한 가구만이 진입할 수 있는 구조로 자리 잡고 있다.

구분	청약 자격	소득 기준	기타 요건	비고
일반공급	무주택 세대, 청약통장 보유	제한 없음(민영)	가점제 또는 추첨제	경쟁률 높음
신혼부부 특별공급	혼인 7년 이내 부부·예비신혼	도시근로자 소득 100~140%(맞벌이160%)	2세 미만 자녀 시 우선공급(20%)	연 1회 신청
생애최초 특별공급	주택 미소유 세대주 (비혼·1인 포함)	도시근로자 소득 100% (맞벌이 120%) 이하	총자산 3억 3,400만 원 이하, 자동차 4,684만 원 이하	평생 1회
다자녀·노 부모 부양	자녀 3명 이상 또는 노부모 부양	도시근로자 소득 120~150% 이하	무주택 세대	일부 단지 한정

청약제도는 크게 일반공급과 특별공급으로 나뉜다. 일반공급은 모든 무주택 세대가 경쟁을 통해 당첨되는 방식으로, 가점제와 추첨제를 병행해 운영한다. 가점제는 무주택 기간, 부양가족 수, 청약통장 가입 기간을 기준으로 점수를 산정해, 높은 순서대로 당첨자를 정한다. 추첨제는 무작위 배정 방식으로, 대형 평형이나 수도권 외곽 단지에서 비중이 높다.

반면 특별공급은 사회적 배려계층이나 정책적 배려가 필요한 가구에 우선 기회를 주는 제도다. 신혼부부, 다자녀, 생애최초, 노부모 부양 등 여러 유형이 있으며, 1가구 1유형만 신청할 수 있다. 세대 구성원 모두가 무주택이어야 하고, 청약통장 보유·납입 기간, 예치금, 소득·자산 요건 등을 충족해야 한다.

신혼부부 특별공급은 정부가 올해 가장 적극적으로 확대한 제도다. 민영주택의 비율은 18%에서 23%로 확대됐고, 공공분양에서는 일반공급 물량의 절반(50%)을 2세 미만 자녀를 둔 가구에 우선 배정하도록 제도가 정비됐다. 연간 공급 물량도 약 1만 세대가 늘어, 결혼·출산 장려를 위한 주거지원책의 핵심으로 평가된다. 대상은 혼인 기간 7년 이내 부부 또는 예비 신혼부부로, 혼인 후 주택을 소유한 적이 없어야 한다.

특히 2세 미만 자녀(신생아)가 있을 경우 전체 물량의 20%를 우선 배정받을 수 있다. 소득 기준은 전년도 도시근로자 가구원 수별 월 평균 소득을 기준으로 하며, 신생아 우선 공급은 100% 이하(맞벌이 120% 이하), 일반공급은 101~140% 이하(맞벌이 160% 이하) 등 요건을 충족해야 하니 우선적으로 이를 확인할 필요가 있다.

생애최초 특별공급(생초 특공)은 보다 폭넓은 실수요자를 대상으로 한다. 1인 세대와 비혼 근로자에게도 문이 열려 있어 '첫 집을 마련하는 사람'에게 실질적 기회를 주는 제도로 자리 잡았다.

혼인 여부와 관계없이 처음으로 주택을 마련하는 무주택 세대주에게 기회를 주는 제도다. 소득 기준은 도시근로자 월 평균 소득의 100% 이하(맞벌이는 120% 이하)이며, 총자산 3억 3,400만 원 이하, 자동차 4,684만 원 이하의 자산 기준이 적용된다.

공급 비율은 공공분양의 경우 전체 물량의 25% 이내, 민영주택은 7% 이내로 설정되며, 자녀가 있는 세대와 해당 지역 장기 거주자가 우선권을 가진다. 다만 생애최초 청약은 평생 한 번만 가능하므로 소득·자산 요건과 신청 시기를 세심하게 판단해야 한다.

민영주택 vs 공공주택, 어떻게 당첨될까?

청약을 준비할 때 반드시 짚고 넘어가야 할 부분은 민영주택과 공공주택의 당첨 제도 차이다. 가점 계산 방식과 당첨 우선순위, 실입주 의무 등 여러 면에서 다르기 때문에 구조를 이해해 청약 전략을 세우는 것이 중요해졌다.

가장 먼저 해야 할 것은 필수 항목을 체크하는 것이다. 모든 청약은 공고문마다 세부 조건이 다르므로, 공급 유형별 비율, 전용면적별 가점·추첨 비중, 지역 우선순위, 전매 제한 및 실입주 의무, 무순위 청약 자격 등을 살펴야 한다.

항목	민영주택 청약	공공주택(공공분양) 청약
주요 기준	가점제 중심(무주택 기간·가족수·통장 기간)	소득·자산 기준 중심(요건 충족 후 심사)
청약통장 요건	규제지역 2년 이상, 납입 24회 이상	2년 이상 납입 24회 이상(횟수 중시)
당첨 방식	85m² 이하 : 가점제 75%, 추첨제 25% 85m² 초과 : 추첨 비중이 높음	소득·자산 충족 후 가점·추첨 병행
실입주·전매 제한	규제지역 장기 전매 제한, 실입주 의무 강화	대부분 실입주 3~5년, 전매 제한 장기
우선 순위	가점 고점자 중심	자녀 수, 거주 기간 순
유리한 계층	장기 무주택자, 고가점자	사회초년생, 신혼·생애최초 가구

민영주택 청약은 경쟁이 치열한 대신, 비교적 구조가 단순하다. 전용면적 85㎡ 이하의 경우 대부분 가점제를 중심으로 당첨자를 선정하며, 일부 물량에 한해 추첨제를 병행한다. 반면 85㎡ 초과의 중대형 평형은 추첨제 비중이 높아 가점이 낮은 사람이라면 이 구간을 노리는 전략이 유리하다. 규제지역에서는 청약통장 가입 2년 이상과 일정 납입 횟수를 충족해야 1순위 자격이 주어지며, 지역 거주자에게 우선권이 부여된다. 해당 지역 거주 기간이 길수록 유리하기 때문에, 청약을 계획하고 있다면 미리 거주 기간을 채워 두는 것이 좋다.

민영주택은 당첨 후 재당첨 제한과 전매 제한이 길다. 특히 투기과열지구나 조정대상지역에서는 전매가 수년간 금지되며 실입주 의무를 위반할 경우 불이익이 따른다. 즉, 투자 목적보다는 실제 입주 계획이 있는 무주택자에게 적합한 제도다.

반면 공공주택(공공분양)은 가점보다 소득과 자산 기준이 중심이다. 이 기준을 통과한 사람들만 이후 단계의 가점 또는 추첨 경쟁으로 넘어갈 수 있다. 당첨 물량의 대부분이 신혼부부, 생애최초, 다자녀 등 특별공급으로 배정되어 있어 실질적인 무주택 실수요자에게 유리하다. 다만 공공분양은 전매 제한이 길고 실입주 의무 기간이 5년 이상인 경우가 많다. 재테크보다는 실제 거주 목적의 내 집 마련에 초점을 맞춘 정책형 공급이라고 할 수 있다.

공공분양의 동점자 처리 방식도 민영과 다르다. 같은 점수를 받은 경우 자녀 수가 많거나 해당 지역에 오래 거주한 사람에게 우선권이 주어지고, 이후에 추첨으로 최종 당첨자를 결정한다. 즉, 가점이 낮더라도 장기 거주자이거나 자녀가 있는 가정이라면 역전 가능성이 있는 구조다.

청약통장 가입 요건 역시 다르다. 공공분양은 대부분 가입 2년 이상에 납입 24회 이상을 충족해야 한다. 납입 금액보다 납입 횟수가 중요한 만큼 매달 꾸준히 납입하는 것이 핵심이다. 금액이 많지 않아도 일정한 납입 기록이 장기적으로 가점 경쟁력을 만든다.

따라서 사회초년생이나 가점이 낮은 2030세대는 공공분양의 생애최초 또는 신혼부부 특별공급을 활용하는 것이 현실적이고, 가점이 높은 중장년 무주택자는 규제지역 내 민영청약을 집중 공략하는 편이 낫다. 또한 신혼부부 특별공급과 생애최초 특별공급은 중복 신청이 불가능하므로 본인의 혼인 여부, 자녀 유무, 소득 수준, 자산 규모를 종합적으로 따져 더 유리한 유형을 선택해야 한다. 무엇보다도 본인의 현재 상황(가점, 소득, 거주 기간, 자산)을 기준으로 1~2년 후 청약 가능 단지를 미리 시뮬레이션해 두면 당첨 확률이 훨씬 높아진다.

14.
월세 받는 가장 빠른 방법
'리츠'

리츠(REITs)가 한국에 들어온 지 20년이 넘었지만 여전히 개인투자자에게는 낯선 이름이다. 특히 2025년처럼 코스피 지수만 사도 50% 이상의 수익률을 올린 해라면 리츠 투자가 매력적으로 보일 리 없다. 시장이 유동성 랠리에 휩쓸릴 때 리츠는 상대적으로 힘을 쓰지 못하기 때문이다. 그러나 관점을 바꾸면 이야리가 달라진다. 수천억 원짜리 강남 빌딩의 월세를 소액으로 받는 가장 빠른 방법이 바로 리츠다. 또 금리 인상기나 경기 침체기에는 전체 시장보다 덜 떨어지거나 시장을 이기는 수익률을 내기도 한다.

십시일반의 힘, 리츠

리츠는 다수 투자자의 자금을 모아 부동산에 투자하고, 임대료·매각 차익을 배당하는 부동산 투자신탁이다. 투자자가 있고 투자할 부동산이 있으며 이를 관리할 위탁운용회사(AMC Asset Management Company)가 있으면 리츠가 만들어진다. 리츠는 크게 부동산 매입부터 자산 운용까지 하나의 회사가 관리하는 '자기관리 리츠'와 운용을 AMC가 담당하는 '위탁관리 리츠'로 나뉘는데, 우리나라 대부분의 리츠는 위탁관리 리츠에 속한다.

리츠는 1997년 외환위기 이후 기업이 보유한 부동산을 현금화, 즉 유동화하는 방식으로 기업 구조조정을 촉진하기 위해 제정된 '부동산투자회사법'에 따라 탄생했다. 그러나 20년이 넘는 기간 동안 리츠는 제대로 성장하지 못했다. 2011년 골든나래리츠의 시세조종 사건, 삼우리츠의 가장납입 사태 이후 시장이 위축되며 '잃어버린 10년'을 보냈다. 이들 대부분은 자기관리 리츠였다. 이후 자기관리 리츠는 대부분 사라지고 '투자자 보호의 중요성'이라는 교훈만 남긴 채 리츠 시장 자체가 위축됐다.

2018년 신한알파리츠 상장을 시작으로 리츠 활성화 시도가 이어졌고 롯데리츠, SK리츠, ESR켄달스퀘어리츠 등이 추가로 상장하면서 2025년 8월 말 현재 25개 리츠가 상장되어 있다. 상장 리츠의 시가총액은 8조 9,424억 원(8월 말 기준) 수준이다.

비상장 리츠까지 합하면 423개 리츠가 총 111조 6,000억 원 규모로 운용되고 있다. 2024년 리츠의 평균 배당수익률은 5.7%다. 상장 리츠만 따지면 8.1%에 달한다. 2024년 코스피 상장기업의 평균 배당수익률 2.2%와 비교하면 약 4배 높은 수준이다. 리츠의 배당수익률이 높은 이유는 위탁관리 리츠의 경우 순이익의 90% 이상을 의무적으로 배당해야 할 정도로 배당성향이 높기 때문이다.

리츠를 대하는 투자자의 자세

리츠는 중수익·중위험 상품에 가깝다. 전체 시장이 오를 때 덜 오르고, 떨어질 때 덜 떨어지는 특징을 갖고 있기 때문이다. 2025년 국내 주식 시장에 한정해서 살펴보자. 코스피 지수는 2025년 10월 10일까지 무려 50% 넘게 상승했다. 2005년(54%) 이후 최대 수익률이다. 삼성전자는 77%, SK하이닉스는 146% 상승해 시가총액 1,2위 종목이 시장을 끌어올렸다. 반면 리츠 시가총액 1~3위 종목인 SK리츠는 15%, 롯데리츠는 28%, ESR켄달스퀘어리츠는 6% 상승에 그쳤다. 이처럼 금리 인하기, 유동성 장세에서 리츠는 별 힘을 쓰지 못한다.

반대로 2024년 코스피 지수가 10% 하락했을 때는 SK리츠는 11%, ESR켄달스퀘어리츠는 17% 상승해 벤치마크 대비 높은 수익률을 기록했다. 롯데리츠는 3% 하락했지만, 코스피보다 하락폭이 적었다. 리츠는 안정적인 배당과 변동성 방어에 초점을 맞추는 것이 바람직하다.

어떤 리츠를 고를까

리츠는 투자 대상 부동산에 따라 오피스 리츠, 리테일(상가·소매업), 호텔, 주거(아파트·기숙사), 물류(유통센터), 헬스케어(요양원·병원), 데이터센터 등으로 나뉜다.

코로나19 팬데믹 당시엔 재택근무가 많아지면서 오피스 리츠가 위축되었고, 온라인·인공지능(AI) 산업에 대한 관심이 높아지자 물류센터나 데이터센터 리츠에 대한 관심이 커졌다. 하지만 물류센터 공급 과잉 논란으로 위축되는 변화를 겪기도 했다. 결국 어떤 리츠를 선택하든 임차 수요와 임대료, 향후 건물의 매각 가치 등을 중점적으로 살펴야 한다.

롯데리츠를 예로 들어보자. 롯데리츠는 롯데백화점 강남점, 롯데아울렛, 롯데마트 등 롯데 계열사 유통업체들이 대거 임차인으로 있어 공실률 0%라는 장점이 있다. 그러나 편입된 자산 대부분이 지방에 위치하고, 임차인 구성이 롯데 계열사로 제한된 점, 임대수익이 유통업체의 매출에 연동된다는 점은 단점으로 꼽힌다.

리츠의 투자 가치를 수치화해 측정할 수 있는 지표로 '캡레이트(Cap rate)'가 있다. 캡레이트는 부동산의 순영업이익(NOI Net Operating Income)을 부동산 매매가격으로 나눠 계산한다. NOI는 해당 부동산을 보유함으로써 얻을 수 있는 잠재적 총소득에서 공실에 따른 임대료 손실, 수선비, 공과금, 재산세, 기타 운영비를 뺀 금액이다. 예를 들어 매년 배당수익률이 5%이고, 해당 자산을 팔았을 때 발생하는 손실도 5%라면 투자 의미가 사라지므로, 반드시 투자 전에 캡레이트를 추정해보는 것이 좋다.

캡레이트는 오르는 게 좋은지, 떨어지는 게 좋은지는 해당 자산의 매입·매도 시점에 따라 다르다. 분모에 속하는 건물 가격이 오르면 캡레이트는 낮아지고, 건물을 매입하기 좋은 시점이 아닐 수 있다. 건물 가격이 충분히 오른 상태라면 추후 차익 실현을 기대하기 어려울 수 있기 때문이다. 반대로 캡레이트를 기준으로 매도 시점을 판단할 때

매도 시 캡레이트가 매입 당시보다 높다면 해당 건물을 팔았을 때 이익을 볼 수 있을지 의심해봐야 한다. 분자에 속하는 임대료가 대폭 상승한 것이 아니라면 말이다.

임대료가 높고 부동산 매각차익이 클수록 리츠가 제공하는 배당도 증가한다. 배당수익률은 분모인 주가가 하락해도 높아지는 경향이 있으므로, 해당 리츠가 얼마나 좋은 부동산 자산을 편입했는지 확인하는 것이 중요하다. 또 배당 지급 주기도 중요하다. 가능하다면 배당 지급 주기가 빠른 리츠가 좀 더 안정적이라 볼 수 있다. 국내 상장 리츠 대부분은 1년에 1~2회 배당을 지급한다. 대신밸류리츠, 삼성FN리츠, 코람코더원리츠, SK리츠만 1년에 4번 지급한다. 매달 지급하는 국내 리츠는 아직 없다. 미국의 리얼티인컴은 매달 배당을 지급하는 리츠로 유명하다. 리얼티인컴은 미국 전역의 편의점, 드러그스토어, 물류센터 등 상업용 부동산을 보유·임대하며, 30년 넘게 배당을 한 번도 줄이지 않았다.

리츠는 투자자 돈만으로 부동산을 매입하지 않는다. 대출을 끼고 부동산을 매입하기도 한다. 하지만 대출 비중이 높고 이자 비용이 많은 리츠는 임대료로 대출 이자를 갚느라 투자자의 배당이 줄어들 수 있으므로, 대출 비중이 적은 리츠를 선택하는 것이 중요하다.

리츠 투자하면 세금 아낀다

상장 리츠를 매수하고 배당소득을 받더라도, 해당 배당소득에는 저율 분리과세가 적용된다. 일반 금융시장의 배당·이자소득은 15.4%의 세율이 적용되지만, 상장 리츠의 경우 9.9%의 세율만 적용된다. 단, 납입한도 5,000만 원 이내, 3년 이상 보유 시에 적용된다. 개인종합자산관리계좌(ISA)와 개인형 퇴직연금(IRP)을 통해 리츠를 매입하면 투자액에 대한 세액 공제를 받을 수 있다. IRP는 매입액의 16.5%(총급여 5,500만 원 이하) 또는 13.2%(5,500만 원 초과)까지 연 900만 원 한도로 세액공제가 가능하다. ISA의 경우, 리츠 운용수익의 일정 금액(일반형 200만 원, 서민·농어민형 400만 원)까지 비과세된다. 일정 금액을 초과해도 9.9%의 분리과세가 적용된다. 연간 납입한도는 2,000만 원, 의무 가입기간은 3년이 적용된다.

리츠 현황 (단위: 십억 원, 기준: 2025년 8월 말 가집계 기준)

구분	리츠수	자산총계	비율(%)
기업구조조정리츠(CR REITs)	20	3,232.2	2.9
위탁관리리츠(EM REITs)	399	107,893.8	96.7
자기관리리츠(SM REITs)	4	470.8	0.4
합계	423	111,596.8	100.0

연도별 리츠 배당수익률

2015	2016	2017	2018	2019	2020	2021	2022	2023	2024
8.10%	6.00%	4.10%	4.40%	4.20%	5.50%	6.20%	5.20%	4.00%	5.70%

운영리츠 및 투자 규모 현황 (단위: 억 원)

2015	2016	2017	2018	2019	2020	2021	2022	2023	2024	2025(8월 말)
1,250	1,690	1,930	2,170	2,480	2,820	3,150	3,500	3,690	4,000	4,230

15.
세컨드홈 세제 특례,
투자 가치 있을까

세컨드홈은 말 그대로 '두 번째 집'이다. 본 거주지 외 일정 기간 머물 수 있는 제2의 주거공간을 보유하는 것을 뜻한다. 정부는 지방 인구 감소 대응과 지역 균형발전 전략의 일환으로 세컨드홈 특례 제도를 본격 시행하고 있다. 사람들을 지방으로 이주시키는 것은 쉽지 않으니 '생활인구'를 늘려 지역을 활성화하겠다는 취지다. 동시에 비수도권의 미분양 문제를 해소하고 지역 건설 경기를 부양하려는 목적도 있다.

지방소멸·미분양 해결 위해 등장한 세컨드홈

정부는 1주택자가 인구감소지역 등 비수도권에 주택을 추가로 취득하더라도 세법상 1주택자로 간주해 종합부동산세·재산세·양도세 중과를 배제하도록 했다. 특례가 적용되면 재산세는 세율 0.05%포인트 인하 및 공정시장가액비율 인하 효과가 가능하고, 종합부동산세는 1세대 1주택자 기본공제 12억 원이 적용되며, 고령자·장기보유 세액공제(최대 80%)도 활용할 수 있다. 양도소득세는 1세대 1주택 비과세 상한 12억 원이 적용된다.

추가 활성화를 위해 정부는 2025년 8월 '세컨드홈 지원 확대 방안'을 발표했다. 기존 공시가격 4억 원이던 세제 특례 대상은 9억 원으로 상향됐다. 취득세 특례 대상 주택의 취득가액 기준은 3억 원에서 12억 원으로 확대됐다. 취득세 감면율은 최대 50%, 감면 한도는 150만 원이다. 공시가 9억 원은 실거래 시세로 약 13억~14억 원 안팎에 해당하며, 대상 지역 다수 주택에 적용될 수 있다.

또 인구감소지역에서는 매입형 아파트 10년 민간임대를 1년간 한시 복원하고 해당 임대주택에 대해 양도세 중과 배제를 추진한다. 인구감소지역 소재 민간임대주택은 1년 한시로 매입형 취득세 중과 배제 및 건설·매입형 주택 수 제외 특례도 부여된다.

세컨드홈 세제 특례 대상 지역도 확대됐다. 기존 인구감소지역 84곳(수도권 일부 제외)에 더해, 인구감소관심지역 9곳(강원 강릉·동해·속초·인제, 전북 익산, 경북 경주·김천, 경남 사천·통영)이 추가되어 이들 지역에서도 세컨드홈 세제 혜택을 받을 수 있게 됐다.

인구감소위기지역 중 대상지역(9곳)

지역	대상지역 수	대상 지역 목록
강원	4	강릉시, 동해시, 속초시, 인제군
전북	1	익산시
경북	2	경주시, 김천시
경남	2	사천시, 통영시

인구감소지역 중 대상지역(84곳)

지역	대상지역수	대상 지역 목록
대구	1	군위군
경기	2	가평군, 연천군
인천	2	강화군, 옹진군
강원	12	고성군, 삼척시, 양구군, 양양군, 영월군, 정선군, 철원군, 태백시, 평창군, 홍천군, 화천군, 횡성군
충북	6	괴산군, 단양군, 보은군, 영동군, 옥천군, 제천시
충남	9	공주시, 금산군, 논산시, 보령시, 부여군, 서천군, 예산군, 청양군, 태안군
전북	10	고창군, 김제시, 남원시, 무주군, 부안군, 순창군, 임실군, 장수군, 정읍시, 진안군
전남	16	강진군, 고흥군, 곡성군, 구례군, 담양군, 보성군, 신안군, 영광군, 영암군, 완도군, 장성군, 장흥군, 진도군, 함평군, 해남군, 화순군
경북	15	고령군, 문경시, 봉화군, 상주시, 성주군, 안동시, 영덕군, 영양군, 영주시, 영천시, 울릉군, 울진군, 의성군, 청도군, 청송군
경남	11	거창군, 고성군, 남해군, 밀양시, 산청군, 의령군, 창녕군, 하동군, 함안군, 함양군, 합천군

세컨드홈 세제 특례, 어느 정도일까?

세제 혜택의 실제 효과를 예로 들어보자. 서울 동대문구 제기동의 10억 원(공시가격 기준)짜리 아파트에 거주 중인 김형환 씨가 강릉에 5억 원(공시가격 기준)짜리 세컨드홈을 구매한다고 가정한다. 종합부동산세의 경우 특례 미적용 시 공시가 합산 15억 원에서 기존 공제 6억 원을 제외하고 0.6%를 적용하면 약 54만 원을 내야 한다. 다주택 중과 시에는 세율이 최대 1.2%이므로 약 100만 원을 부담해야 한다. 하지만 세컨드홈 특례가 적용되면 1주택자로 간주돼 내야 할 돈은 없다. 취득세의 경우, 중과 8% 적용 시 5억 원을 곱해 4,000만 원을 내야 하지만, 세컨드홈 특례 적용 시에는 일반세율 1.1%에 5억 원을 곱한 550만 원이 나온다. 여기에 한도 150만 원 내에서 50%를 감면하면 400만 원만 내면 된다. 약 3,600만 원을 절감할 수 있다. 재산세의 경우, 공정시장가액비율 인하를 45% 수준으로 계산하면 기존에서 75만 원(세율 0.25% 기준), 특례 적용 시 45만 원으로 30만 원을 절감할 수 있다.

최근 규제 일색의 부동산 정책에서 이 같은 세제 혜택은 상당히 매력적이다. 거주 선택의 폭이 넓어졌다는 장점도 있다. 다만 수도권과 광역시가 제외되고, 주택 기준 요건이 있는 점은 한계로 지적된다.

세제 혜택, 효과는 미미했다

세컨드홈 시행 이후 대상지의 주택 거래는 늘었을까? 세컨드홈 시행 이후인 2024년 6월~2025년 8월까지와 시행 이전인 2023년 3월~2024년 5월까지의 월 평균 주택 거래량을 비교한 결과, 거래량이 늘어난 지역은 24곳에 불과했다. 평균 증가율은 12.3%였다. 반면 거래량이 줄어든 곳은 59곳으로, 늘어난 지역의 두 배 이상이며 평균 감소율은 13.7%였다.

가장 많이 늘어난 곳은 전북 남원시였다. 세컨드홈 세제 특례 시행 전 월 평균 주택 거래량은 61.33호였으나 시행 이후 월 평균 91.33호로 48.9% 증가했다. △담양군(24.4%) △영광군(17.7%) △함평군(17.2%) △의령군(17%) △임실군(13.1%) △괴산군(12.2%) △울진군(12.1%) △공주시(11.7%) △예산군(10.4%) 순으로 증가세를 보였다.

가장 많이 줄어든 곳은 전남 강진군이었다. 세컨드홈 특례 시행 전 월평균 주택 거래량은 43.4호였지만 시행 후 25.87호로 40.4%가 감소했다. △울릉군(35.6%) △옹진군(26.9%) △신안군(26.7%) △무주군(25.7%) △영암군(23.6%) △보성군(21.7%) △단양군(20.6%) △하동군(20.2%) △태백시(20%) 순으로 감소세가 이어졌다.

일부 지역에서 주택 거래량이 증가했지만, 감소한 곳이 두 배 이상 많아 효과는 미미하다. 그 배경으로는 세제 특례 혜택이 크지 않은 상황에서 또 다른 집을 마련하는 자체가 큰 부담이라는 설명이 있다. 서진형 광운대 부동산법무학과 교수는 "한정적인 세제 혜택으로는 실효성이 없는 정책"이라며 "지방소멸 시대에 해당 지역의 주택을 사는 것 자체가 투자 가치가 크지 않아, 일종의 '별장' 개념으로 소유할 수 있도록 지원해야 한다"고 강조했다.

다만 2024년 첫 특례 적용 당시에는 세제 특례 대상이 공시가격 4억 원으로 제한되고, 취득세 특례 대상의 취득가액 기준이 3억 원이었던 점을 고려하면, 2025년 8월 추가 발표된 활성화 방안은 다른 효과를 낼 가능성이 있다.

세컨드홈 세제 특례 시행 전후 월 평균 주택거래량 증감

-기존 대상지 83곳 대상
-거래 증가 지역 24곳(+12.2%). 거래 감소 지역 59곳(-13.6%)

거래 증가 지역 top10

순위	지역명	시행 전	시행 후	증감률(%)
1	남원시	61.33	91.33	48.9
2	담양군	24.33	30.27	24.4
3	영광군	31.67	37.27	17.7
4	함평군	15.87	18.60	17.2
5	의령군	15.67	18.33	17.0
6	임실군	14.20	16.07	13.1
7	괴산군	25.20	28.27	12.2
8	울진군	44.60	50.00	12.1
9	공주시	92.87	103.73	11.7
10	예산군	50.47	55.73	10.4

거래 감소 지역 top10

순위	지역명	시행 전	시행 후	증감률(%)
1	강진군	43.40	25.87	-40.4
2	울릉군	4.87	3.13	-35.6
3	옹진군	20.60	15.07	-26.9
4	신안군	20.20	14.80	-26.7
5	무주군	20.20	15.00	-25.7
6	영암군	77.40	59.13	-23.6
7	보성군	29.87	23.40	-21.7
8	단양군	35.93	28.53	-20.6
9	하동군	31.40	25.07	-20.2
10	태백시	74.47	59.60	-20.0

세컨드홈, 구매 의사 있다면 이 지역을

세컨드홈 구매 의사가 있다면 대상 지역을 신중히 골라야 한다. 특히 투자가 목적이라면 수익성과 가치 보존 가능성을 잘 따져봐야 한다. 해당 지역에 생활 인프라가 충분히 갖춰져 있는지, 부동산 하락 가능성이 큰지, 유지·관리 비용을 부담할 수 있는지 등을 충분히 살펴봐야 한다.

가장 많은 관심을 받는 세컨드홈 세제 특례 지역은 강원 강릉이다. 서울까지 KTX로 2시간이면 이동할 수 있고, 송도~강릉까지 연결되는 KTX도 2029년 준공을 앞두고 있다. 해변과 호수, 관광 인프라가 잘 형성돼 있어 휴양을 위한 최적의 장소로 꼽히기도 한다. 미래 자녀의 의대 입학을 고려한다면 조기 이사해 '지역인재 전형'을 노릴 수도 있다. 실제로 세컨드홈 특례 발표 후, 8월 강릉시의 집합건물 매수 서울 거주인은 208명으로, 직전 달인 7월(143명) 대비 45% 이상 증가했다.

경주도 매력적인 선택지 중 하나다. 서울에서 KTX로 2시간 10분 가량 소요, 위로는 대구, 아래로는 부산과 근접해 편리한 교통망을 활용할 수 있다. 게다가 관광 및 여가 인프라가 충분한 점도 장점이다. 하지만 일각에서는 미분양 물량이 여전히 비수도권에 몰려 있고 최근 거래량과 가격이 하락세이므로 투자용으로는 부적절하다는 의견도 있다. 2025년 8월 기준 준공 후 미분양 주택은 총 2만 7,584호이며, 이 중 약 84%가 비수도권에 집중돼 있다. 게다가 경기 전망도 좋지 않다. 2025년 9월 기준 비수도권 주택사업 경기전망지수는 73.2로 하향 국면이다. 수도권은 계속해서 지수가 오르고 있지만 비수도권은 좀처럼 회복세가 보이지 않는다. 서 교수는 "세컨드홈은 주택으로 취급하지 않고 취득세와 양도소득세를 전면 감면해야 실효성이 높다"며 "현 상황에서 투자용으로는 부적절하다"고 설명했다.

16.
절대 투자하지 말아야 할 부동산
'지산-생숙-지주택'

자고 나면 '벼락거지'가 된다던 일명 부동산 '불장' 시기인 2020년 ~2021년, 아파트 대체제로 각광받던 부동산 투자상품들이 있었다. 지식산업센터(지산), 생활형 숙박시설(생숙), 라이브 오피스 등이 그것이다. 사용 용도는 제각각이었지만 아파트 대체제로 관심을 끌었다는 점은 공통적이다. 실제로 당시 분양 시장에서는 세제나 건축 기준 측면에서 아파트보다 혜택이 높다고 홍보하며 수백 대 1의 경쟁률을 기록하기도 했다. 하지만 2024년, 본격적인 입주를 앞두고 미분양과 공실이 채워지지 않고 분양 시와는 달리 '주거 용도 사용 불가' 통보를 받으며 당사자 간 갈등이 수면 위로 떠올랐다.

라이브 오피스 날벼락, 주거 용도 불가 통보

라이브 오피스는 생숙과 달리 법률에 명시된 용어가 아니라, 분양회사가 '주거가 가능한 상업시설'이라는 의미를 강조하기 위해 만들어낸 마케팅 용어이다. 지식산업센터나 오피스 빌딩과 같은 상업용 시설에 욕실 등을 넣어 주거가 가능한 구조로 변경한 형태다. 라이브 오피스로 분양한 '강동아이파크더리버'는 실상 지식산업센터로 분류된다. 하지만 강동아이파크더리버 시행사 측은 분양 당시 수분양자들에게 "아파트 대체제로 세제 혜택이 높고, 아파트와 같이 주거 용도로 사용해도 좋다"고 홍보했다.

이 사실을 뒤늦게 알게 된 수분양자들은 시행사로부터 2025년 2월로 입주 시기를 통보받았지만 잔금을 치르지 않고 입주를 거부했다. 또 수분양자 중 일부는 시공사와 시행사를 상대로 허위·과장 광고에 대한 분양계약 해제 및 분양대금 반환 소송을 제기하기도 했다. 분양가도 면적에 따라 7억 원대에서 20억 원대로 저렴한 편이 아니었다.

2020~2022년 부동산 상승기에는 대출 규제, 전매 제한 등 각종 규제와 세금 중과 대상이었던 아파트 대신 생숙과 오피스텔이 부동산 투자처로 주목받았다. 이와 유사한 맥락으로 일부 건설사와 시행사들이 라이브 오피스를 공급했던 것이다.

전문가들은 시장 혼란을 막기 위해 생숙에 이어 진통을 겪는 라이브 오피스의 용도에 대한 명확한 기준 마련과 이미 제기된 논란에 대해서는 적절한 중재안 제시가 필요하다고 지적했다. 또한 생숙에 비해 피해 규모가 상대적으로 적은 탓에 정부와 지자체의 대책 마련도 소극적인 모양새다.

송승현 도시와경제 대표는 "분양 시 광고 규제 강화, 용도 지정의 법적 명확성 확보가 필요해 보인다"며 "앞으로도 유사한 유형의 부동산 상품이 등장할 가능성이 높은 만큼, 특히 주거·업무 혼재형 상품에 대한 명확한 가이드라인을 마련해야 한다"고 제언했다.

'현재진행형' 생숙 논란

생숙도 여전히 논란 중이다. 부동산 호황기인 2020년, 대부분의 생숙은 '주거가 가능하다'는 시행사의 홍보에 아파트 대체제로 입소문을 타며 높은 인기를 누렸다. 주택 수에 포함되지 않아 각종 세제 혜택을 누릴 수 있고, 주택보다 건축 기준도 느슨해 공사 비용과 기간이 단축되는 장점도 있었다.

하지만 2021년부터 정부가 용도에 부합하지 않는 생숙 사용에 대해 적극적으로 규제하기 시작했다. 수분양자들의 반발이 커지자 정부는 2025년 9월 말까지 '용도 변경'이라는 퇴로를 마련해주었다. 문제는 '용도 변경'에 들어가는 기부채납과 건축비용이다. 수분양자들은 허위 광고로 유인한 시행사 측이 비용 부담 책임을 져야 한다고 주장한다. 또 다른 문제는 지자체별로 용도 전환 기준이 다르다는 점이다. 일부 지자체가 과도한 주차대수나 기부채납을 요구한다고 반발하는 사례도 있다.

생숙은 2025년 10월 기준 전국 약 18만 3,000실 가운데 8만 1,000실이 숙박업 신고를 했고, 2만 2,000실은 오피스텔 용도 변경을 마쳤다. 4만 실은 현재 공사 중이며, 나머지 4만 실은 아무런 조치가 진행되지 않았다. 정부는 이행강제금 대상을 최소화하기 위해 공실 상태인 4만 실을 대상에서 제외하기로 했다.

세상에 공짜는 없다. 아파트와 다른 혜택이 있다면 동시에 숨겨진 위험은 없는지 꼼꼼히 확인하고 점검하는 것이 좋다.

'월세 통장'으로 불리던 지산, 시장성 제대로 따져봐야

지식산업센터는 생숙·라이브 오피스와 다르게 주거 용도로 사용할 수 없다는 점을 명백히 인지한 상태에서 분양되었다. 지식산업센터의 문제는 무더기로 쏟아지고 있는 공실과 여기에 지산을 더 짓겠다고 나서는 지자체들이다.

2025년 상반기, 취재 중에 찾은 고양시의 한 지산은 '매매·임대'라는 글자만 보일 뿐 텅 비어 있어 적막감만 가득했다. 인근 식당 일대에는 입주한 직장인보다 추가로 짓고 있는 지식산업센터 공사 현장 근로자들이 더 많았다. 현재 지산이 처한 문제를 단적으로 보여주는 장면이었다. 2020~2021년 투자 호황을 누리던 지식산업센터는 곳곳에서 '흉물'로 변한 지 오래다. 고양시의회 손동숙 의원실에 따르면, 경기도 고양시에 준공된 지식산업센터는 2024년 말 기준 총 25곳으로, 호실 수는 1만 1,400여 호다. 이 중 6,400호만 입주를 완료한 상태로 절반은 텅 비어 있다. 공실이 넘쳐나는 상황에서 고양시가 2026년까지 지식산업센터 6곳을 더 늘리겠다고 밝히면서 분양가보다 낮아진 매물이 급하게 쏟아지고 있다. 경기가 풀리면 공실이 채워질 것이라는 기대에 다달이 나가는 대출이자와 관리비를 내며 버티던 분양자들이 추가 공급 선언에 결국 못 버티고 '눈물의 세일'에 돌입한 것이다.

끝이 보이지 않는 공실이 이어지면서 매달 대출이자와 관리비 부담을 견디다 못한 분양자들이 경매로 내몰리는 경우도 적지 않다. 일례로 2024년 12월, 서울 가산동에 위치한 감정가 8억 3,900만 원 상당의 지식산업센터가 경매 매물로 올라왔다. 하지만 사겠다는 사람이 없어 두 번의 유찰 끝에 감정가보다 3억 원 이상 낮은 5억 5,200만 원에 낙찰됐다.

겉보기에는 화려해 보였지만, 실제 이용할 사람이 없으면 아무 소용이 없는 '빛 좋은 개살구'였던 셈이다. 지산은 단순 투자 목적을 넘어 실제 사용 가치, 지역 산업 구조, 시장성 등을 충분히 따져보고 또 따져봐야 할 상품이다.

원수에게도 안 권하는, 위험한 '지주택'

마지막으로 정말 주의하고 또 주의해야 할 부동산이 있다. 이미 언급된 부동산들과는 또 다른, 원수에게도 권하지 않는다는 가장 위험한 사업, 바로 지주택(지역주택조합) 이야기이다. 이재명 대통령이 공식석상에서 "지주택은 문제가 많다"며 "폐지해야 한다"는 취지의 발언을 할 정도로 성공률이 매우 희박한 사업이다. 우선 지주택이 어떻게 진행되는지 간단히 살펴보자.

지주택은 '토지 미확보' 상태로 사업이 시작된다. '맨땅에 헤딩'도 못할 조건으로 시작하다 보니 실질적으로 첫 삽을 뜨는 사업장 자체도 적을 뿐더러 착공까지 소요되는 기간도 일반 정비사업장에 비해 오래

걸린다. 지주택은 1980년, 저렴한 비용으로 서민들에게 내 집 마련을 할 수 있다는 꿈을 주며 시작됐다. 토지 확보를 위해 해당 구역 내 주민들의 동의를 받아야 시작하는데 이것부터가 쉽지 않다.

현재 서울에서 지주택 사업을 진행 중인 118곳 중 착공까지 간 곳은 14곳뿐이다. 14곳도 조합원 모집에서 착공까지 걸린 기간이 평균 11년으로, 일반 정비사업이 정비구역 지정부터 착공까지 6~8년이 소요되는 것과 비교하면 긴 기간이다. 이미 확보된 토지조차도 토지 소유주들의 마음이 바뀌어 '미확보'로 전환되는 사례도 적지 않다.

또 지주택은 사업장에 지분 투자를 하는 투자 상품인데 마치 일반 분양을 받을 수 있는 제도로 오인되면서 투자 사기 피해마저 속출하고 있다. 이재명 대통령이 직접 나서서 지주택에 대한 근본적 제도 개선을 촉구하고 있지만 실제 관계 부처인 국토부조차 "폐지가 답"이라고 보고 있다.

국토교통부가 실제 2025년 상반기 전국 지주택 사업지 618곳을 대상으로 1차 실태 조사를 한 결과, 전체의 30.2%(187곳)가 분쟁 중인 것으로 나타났다. 이 중 11곳이 공사비 갈등을 겪고 있었다. 그 외 부실한 조합 운영(52건)과 탈퇴·환불 지연(50건) 등이 주요 분쟁 원인이었다.

부동산 투자상품들은 기본적으로 상품을 제공하는 측에서 투명하고 공정하게 정보를 제공해야 한다. 그러나 현실은 그렇지 않은 경우가 많다. 지주택처럼 위험도가 높은 사업일수록 충분한 검증과 분석을 거친 뒤 신중하게 지갑을 열어야 한다.

17.
같은 듯 다른 정비사업, 알아야 돈 번다

금리가 떨어지고 유동성이 풍부해지는 시기, 부동산은 가장 대표적인 재테크 수단으로 꼽힌다. 특히 최근에는 실거주와 투자 가치를 모두 갖춘 '똘똘한 한 채'에 대한 선호 현상이 뚜렷해지면서 새삼 정비사업에 대한 관심이 어느 때보다 높아지고 있다.

서울 '한강벨트(한강에 인접한 지역)' 신축 브랜드 아파트는 이미 가격이 오를 대로 올라 접근이 쉽지 않은 만큼, 향후 신축으로 거듭날 좋은 입지와 사업성을 갖춘 정비사업에 실수요자는 물론 투자자들의 이목이 쏠리고 있다. 현재 거주 중인 '내 집'이 정비사업을 추진 중이거나, 혹은 정비사업을 추진 중인 주택 구입을 고민하고 있다면 각 정비사업의 종류와 정의, 요건, 과정 등을 깊이 있게 살펴볼 필요가 있다.

도정법이 정한 정비사업, 무엇이 있나

정비사업이란 '도시 및 주거환경정비법(도정법)'에 따라 도시 기능을 회복하기 위해 정비구역에서 정비기반시설을 정비하거나 주택 등 건축물을 개량 또는 건설하는 사업을 말한다.

2003년 도시 및 주거환경정비법 제정 당시 정비사업은 △주택재개발사업(노후·불량 건축물 밀집 대상) △주택재건축사업(공동주택 대상) △주거환경개선사업(저소득자 집단거주 대상) △도시환경정비사업(상·공업지역 대상) △주거환경관리사업(단독·다세대 밀집 대상) △가로주택정비사업(노후·불량주택 밀집 가로구역 대상) 등 6개 유형으로 분류됐다.

이후 2018년 관련 법령 개정을 통해 주거환경개선사업(주거환경개선사업+주거환경관리사업), 재개발사업(주택재개발정비사업+도시환경정비사업), 재건축사업(주택재건축사업) 등 3개 유형으로 통폐합됐다.

공익적 사업의 성격을 띤 주거환경개선사업·재개발사업과 달리 재건축사업은 민간사업 성격이 강하다. 이에 주거환경개선사업·재개발사업은 안전진단이 불필요하고, 거주민은 조합에 의무 가입해야 한다. 토지 수용을 통해 현금청산자를 처리하며, 공공임대주택 건립 의무가 있고 재건축 초과이익 환수는 없다. 반면 재건축사업은 안전진단을 거쳐야 하며, 거주민의 조합 가입은 임의 사항이다. 현금청산은 매도를 통해 이뤄지고, 공공임대주택 건립 의무가 없으며 재건축 초과이익은 환수된다.

주거환경개선사업·재개발사업은 정비기반시설이 열악하고 노후·불량 건축물이 과도하게 밀집한 주거환경을 개선하기 위해 시행한다. 이 중 주거환경개선사업은 단독주택·다세대주택 밀집 지역에서 정비기반시설 및 공동이용시설 확충 등 주거환경 보전과 정비·개량에 초점이 있고, 재개발사업은 상업·공업지역 등에서 도시 기능을 회복하고 상권 활성화를 통해 도시환경을 개선하는 데 방점이 찍힌다. 주목할 점은 재개발사업은 거주민들이 직접 조합을 설립해 추진하지만, 주거환경개선사업은 여력이 없는 거주민을 대신해 지방자치단체나 한국토지주택공사(LH), 서울주택도시개발공사(SH) 등 공공기관이 시행한다는 것이다. 이에 주거환경개선사업은 투자 대상으로 보기 어렵다. 재건축사업의 경우 정비기반시설은 양호하나 노후·불량 건축물에 해당하는 공동주택이 밀집한 지역의 주거환경을 개선하기 위해 시행된다.

도정법 정비사업 종류 및 특성 (자료: 한국부동산원)

구분	주거환경개선사업	재개발사업	재건축사업
목적	저소득층 주거환경 개선	노후 도심지 및 주거지 정비, 상업지 정비 및 활성화	노후 아파트 및 주택단지 철거 후 신축
사업 성격	공익적 사업	공익적 사업	민간 사업
조합원 의무성	의무 가입	의무 가입	임의 가입
안전진단	불필요	불필요	필요
현금청산자 처리	토지 수용	토지 수용	매도 청구
공공임대주택 건립	건립 대상	건립 대상	미대상
주거이전비 등 손실보상	있음	있음	없음
재건축초과이익 환수	없음	없음	있음

'작아서 오히려 좋다', 소규모 주택 정비사업

2018년에는 '빈집 및 소규모주택 정비에 관한 특례법'이 제정됐는데, 당초 도시 및 주거환경정비법에 속했던 가로주택정비사업을 비롯해 자율주택정비사업, 소규모 재건축사업, 소규모 재개발사업 등 정비사업이 이에 속한다. 규모가 작아 도시 및 주거환경정비법상 정비사업에서 소외된 비교적 작은 규모의 노후•불량 건축물 밀집 지역 정비사업을 활성화하기 위한 취지다. 건축 규제 완화 및 주택도시기금 융자 등 정부의 다양한 정책적 지원과 혜택을 받을 수 있다.

각 사업별 특징을 살펴보면, 먼저 자율주택정비사업은 토지 등 소유자 2명 이상이 법정 대상 지역에서 토지 등 소유자 전원의 합의로 주민합의체를 구성해 직접 시행하거나, LH 등 공공기관과 공동 시행하는 정비사업을 말한다. △단독주택 10호 미만 △다세대·연립주택 20가구 미만 △단독+다세대·연립주택 총 20채 미만이어야 사업 추진이 가능하며 시·도 조례에 따라 해당 기준은 최대 1.8배 완화할 수 있다.

가로주택정비사업은 종전의 가로를 유지하며 블록(면) 단위로 개발하는 정비사업으로 가로구역의 전부 또는 일부에서 토지 등 소유자 또는 조합이 직접 시행하거나, 토지 등 소유자 또는 조합이 LH 등 공공기관과 공동으로 시행하는 정비사업이다. △단독주택 10호 이상 △다세대·연립주택 20가구 이상 △단독+다세대·연립주택 총 20채 이상이면서 가로구역 면적은 1만㎡ 미만이어야 한다.

소규모 재개발사업은 역세권이나 준공업지역에서 토지 등 소유자 또는 조합이 직접 시행하거나, LH 등 공공기관과 공동으로 시행하는 정비사업이다. 철도역(개통 예정역 포함) 승강장 경계로부터 반경

350m 이내 역세권이거나 준공업지역으로, 면적 5,000㎡ 미만이어야 한다.

소규모 재건축사업은 주택단지에서 토지 등 소유자 또는 조합이 인가받은 사업시행계획에 따라 주택, 부대시설·복리시설 및 오피스텔을 건설해 공급하는 방식으로 시행한다. 기존 주택 200가구 미만, 면적은 1만㎡ 미만이어야 대상이 된다.

소규모주택 정비사업 구분 (자료: 한국부동산원)

01	자율주택정비사업	토지 등 소유자 2명 이상이 모여 시공자 선정, 분양 방법 등을 자율적으로 정하여 시행하는 사업
02	가로주택정비사업	기존의 가로환경(블록)을 유지하며, 가로구역의 전부 또는 일부에서 조합을 설립하여 시행하는 사업
03	소규모재개발사업	역세권 또는 준공업지역에서 소규모로 도시환경을 개선하기 위하여 조합을 설립하여 시행하는 사업
04	소규모재건축사업	기반시설이 양호한 주택단지에서 소규모로 공동주택을 재건축하기 위하여 조합을 설립하여 시행하는 사업

서울시 힘 보탠 '신속통합기획·모아타운'

'똘똘한 한 채'에 수요가 집중된 서울의 정비사업을 살펴보다 보면 '신속통합기획'과 '모아타운'이라는 용어를 자주 접하게 된다. 이는 앞서 살펴본 도시 및 주거환경정비법, 빈집 및 소규모주택 정비에 관한 특례법이 규정한 정비사업의 서울시 버전이라고 할 수 있다. 정비사업을 보다 활성화하기 위해 서울시의 지원이 더해진 제도인 셈이다.

먼저 신속통합기획은 민간이 추진하는 재개발사업과 재건축사업의 신속한 추진을 지원하기 위한 공공지원 계획이다. 공공이 민간의 계획과 절차를 지원하는 제도로, 정비계획과 건축설계, 사업시행인가 등 각 단계에서 가이드라인을 제시하고 그에 따른 인센티브를 제공하는 방식이다. 핵심 지원 방안으로는 △개별 심의 절차를 통합해 심의 기간을 대폭 단축 △일정 수준 공공기여를 담보로 용적률 및 최고 높이 규제 완화 등이 꼽힌다.

신속통합기획은 거주민들이 원하면 언제든 관할 구청을 통해 신청할 수 있다. 관할 구청 담당부서를 통해 신속통합기획 신청서를 작성해 서울시에 접수하면, 서울시에서는 정책적 필요성과 주민 참여 의지, 정비의 시급성 등을 고려해 대상지를 선정한다. 신속통합기획 수립 기간은 대상지의 면적, 지역 특성 등에 따라 유동적이나 기획(안) 마련에 통상 6개월 내외가 소요된다. 신규 재개발지역의 경우 정비구역 지정까지 걸리는 시간을 기존 5년에서 2년으로 단축할 수 있으며, 도시계획 결정역시 통합 심의를 통해 심의 기간을 절반으로 줄일 수 있다는 게 서울시 설명이다. 또 가령 300% 이하인 기존 서울시 내 역세권 개발 가능 용적률을 최고 700%까지 완화해준다.

신속통합기획 개념도 (자료: 서울시)

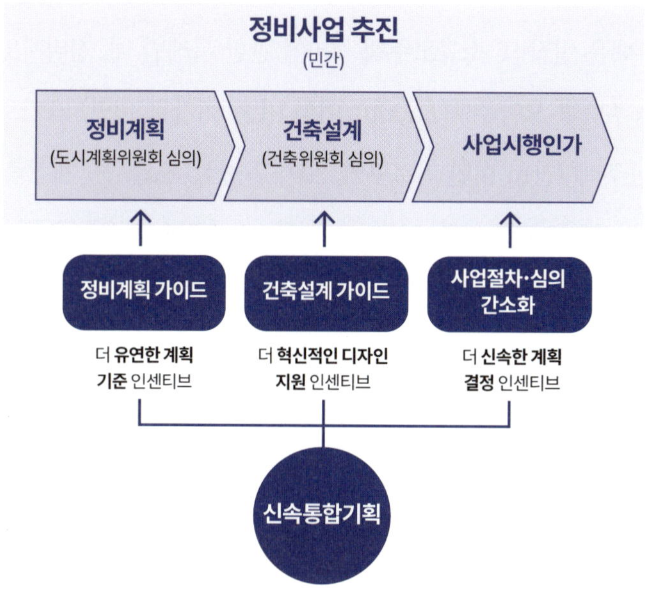

모아타운은 소규모 주택 정비사업의 서울시 버전으로, 대규모 재개발이 어려운 노후·저층 주거지의 새로운 정비모델 '모아주택'을 블록 단위로 모아 단지화를 이룬 개념이다. 아파트 단지처럼 체계적으로 관리할 수 있으며, 다양한 편의시설도 함께 조성된다.

원활한 사업 추진을 위해 서울시는 △용도지역 상향 △공공건축가 설계 지원 △지하주차장 통합 설치 허용 △용적률 및 최고 높이 규제 완화 △주차장·공원 등 기반시설 조성 공공지원 등을 제공한다. LH와 SH 등 공공기관과 공동 시행 시 이주대책 및 자금관리, 사업비 융자지원, 사업관리 등의 지원이 이뤄진다. 또한 주택도시보증공사(HUG)로부터 총사업비의 상당 부분을 저리로 지원받을 수 있도록 해 소규모 주택 정비사업의 낮은 사업성을 높여줬다.

모아주택은 빈집 및 소규모주택 정비에 관한 특례법 내, 정비사업별로 △자율주택형 모아주택(1,500㎡ 이상 기존 36가구 미만) △가로주택형 모아주택(2만㎡ 미만 가로구역, 20가구 이상) △소규모재건축형 모아주택(1만㎡ 미만, 기존 200가구 미만) △소규모재개발형 모아주택(역세권 250m 이내 또는 준공업지역 5만㎡ 미만) 등으로 구분된다.

유형별 모아주택 (자료: 서울시)

펴낸 날 초판 1쇄 발행 2025년 12월 30일
회장·발행인 곽재선
대표·편집인 이익원
편집보도국장 류성
지은이 이데일리 편집보도국
진행·편집 리진
디자인 한도희, 김미영
인쇄 (주)유성드림
펴낸 곳 이데일리(주)
등록 제 318-2011-00008(2011년 1월 10일)
주소 서울시 중구 통일로 92 KG타워 19층
전자우편 edailybooks@edaily.co.kr

가격 20,000원
ISBN 979-11-87093-37-4